JN061865

富山大学人文学部叢書Ⅲ

人文知の
カレイドスコープ

富山大学人文学部 編

巻頭言

　富山大学人文学部は、教員が専門領域を超えた研究交流と学部全体の研究向上を図るため、またその成果を学生教育の充実と地域貢献の促進に役立てるために、「富山循環型人文知研究プロジェクト」を開始した。

　本書は、その一環として開催した令和元年度公開研究会「『人文知』コレギウム」の成果である。

　書名の『人文知のカレイドスコープ』は、歴史、哲学、文学、言語学、地理学、社会学などの多様な研究分野の教員が、多角的に「人」の有り様に迫る意を表している。カレイドスコープ（万華鏡）さながらに豊かな人文学の世界を知る一助となれば、幸いである。

目　　次

第3章　現代社会

附：2019年度　公開研究会「『人文知』コレギウム」発表題目一覧
　　※「コレギウム」とは、ラテン語で「仲間たち」の意である。

第13回（2019年7月31日）
「マルチモーダル・ミュージッキング－米国黒人教会における音楽する身体－」
　　　　　　　　　　　　　　野澤豊一（社会文化コース）
「＜人間の安全保障＞から見たヒトの移動－中米の場合－」
　　　　　　　　　　　　　　竹村卓（社会文化コース）

第14回（2019年9月25日）
「スウェーデン兵の従軍記録にみる大北方戦争（1700〜21年）」
　　　　　　　　　　　　　　入江幸二（歴史文化コース）
「人工知能の社会学」
　　　　　　　　　　　　　　佐藤裕（社会文化コース）

第15回（2019年10月23日）
「聖者と政治−中央アジア東部の近世史−」

澤田稔（歴史文化コース）

「ウィリアム・シェイクスピアへのジェイムズ・ジョイスの敵対
　−『ハムレット』の改作を中心に−」

結城史郎（英米言語文化コース）

第16回（2019年11月20日）
「名詞句階層から見る英語とコリャーク語−異質性の陰に潜む普遍性−」

呉人惠（言語学コース）

藤川勝也（英米言語文化コース）

「基底核を発動する連体修飾の構造」

樋野幸男（言語学コース）

第17回（2020年1月29日）
「心理療法における即時的改善−トークセラピーの限界を超えて−」

喜田裕子（心理学コース）

「時間の実在性と心の活動について−アリストテレス時間論からの考察−」

永井龍男（哲学・人間学コース）

第18回（2020年2月7日）
第36回渋沢・クローデル賞受賞記念講演会
「囚人と狂気―19世紀フランスの監獄・文学・社会−」

梅澤礼（ヨーロッパ言語文化コース）

第1章
言葉と文学

基底核を発動する連体修飾の幻影

樋野幸男

0．はじめに―連体修飾とは―

　日本語の連体修飾は、連体修飾節が被修飾名詞（以下、主名詞と呼ぶ。）の総体を修飾すると考えられてきた。ところが、主名詞の意味的基底の核である〈基底核〉を仮設すると、構造の説明が容易になる用例が組織的に存在する。たとえば、「理由」は、事象「太郎が学校を休んだ」に対する理由であり、その事象が基底となって概念が成立する名詞である。本稿は、基底核に対する連体修飾について概略を述べる。

　　①[(φ二)昼がもっとも短くなる][冬至]に②[太陽の復活を願う][冬至祭]が北半球各地にあったのは③[(φガ)分かりやすい][話]である。クリスマスも諸民族の④[(φガ)土着的な(〆)][冬至の祭礼]が素地となり、イエスの生誕と結びつけて定着したといわれる▲……（毎日新聞「余録」2019年11月14日）（[ ]は連体修飾節および主名詞を、(φx)は主名詞が修飾節の格成分となることを標示する。）

　さて、上記の新聞コラムには、4例の連体修飾が見える。①③④は、主名詞が修飾節の述語の項となる連体修飾で、寺村秀夫が「内の関係」と命名した。一方、②は、そのような関係が認められない。それを「外の関係」とした。

　　① 冬至に昼がもっとも短くなる。
　　③ 話が分かりやすい。
　　④ 冬至の祭礼が土着的だ。

1．筆者による連体修飾の整理（予告）

　寺村秀夫(1975-78)は、次のように連体修飾を区分する。図は、筆者による連体修飾の整理とともに寺村の区分との関係を概観する。寺村は「内の関係」と「外の関係」とに区分して、後者を2つに分ける。

　筆者は、総体修飾と基底核修飾という類型を提案する。前者は従来の連体修飾の理解と同じである。新たに提案する概念は後者である。

　連体修飾の2つの類型を説明する前に、連体修飾の作用(機能)を述べた金水敏(1986)によって〈限定／属性付与／事象付与〉の各作用について説明する。なお、〈事象付与〉は筆者による新規の作用(機能)である。

連体修飾の整理に関する寺村秀夫との関係
(寺村の区分は「　」、筆者の整理はゴシック)

　金水は、「限定とは、修飾される名詞の表す集合を分割し、その真部分集合を作り出す働き」とする。そして次の例文を示す。

金水 (12) 人のために尽くす心が大切だ。→ (Bα)

　〃　(13) すぐにかっとなる彼の性格は昔のまま変わらない。→ (Bβ)

(12)を限定と考え、(13)について「非限定的な連体成分の機能は、背景、理由、詳細説明などの情報を主文（筆者注：その中にある当該の名詞句を意味する。）に付加する所にある」とし、非限定的な機能を「情報付加」と呼ぶ(pp.607-608)。筆者はこの説に従う。ただし、「情報」を主名詞に関するものとみて、広義の属性の意味で〈属性付与〉と呼ぶことにする。〈事象付与〉は、主名詞に関する情報としての事象をそれに付与するものである。詳細は後述する。(「→( )」は筆者の整理)

2．寺村秀夫による連体修飾の理解

　筆者による連体修飾の理解を詳述する前に、寺村の発言を引用しよう。

　　まず，内の関係，すなわち，修飾部と底の名詞とが，同一の文を構
　成し得るような関係を含んで成り立っている連体修飾構文では，修飾
　節は，底の名詞を'特定する'，つまり単に他と区別する，という点で
　'修飾'しているのに対し，外の関係では，修飾部が底の名詞の内容を
　述べている，あるいはその内容を補充している，という点にその特徴
　がある。(p.265、下線・二重下線は筆者)

　この考え方は、「内—／外—」が、金水の「限定／情報付加」にそれぞれ
対応する。(「内—」に対する異見はないが、「外—」に対する新たな見解を
提示して厳密に検討したい。)さらに、寺村は「内容補充」を分割して２つ
の区分「ふつうの—／相対的—」を立てる。それぞれの用例を寺村から借
用して示す。まず「ふつうの内容補充」の用例。

　寺村 (20) 女房の幽霊が三年目にあらわれる話　→(Bγ)

　　〃　(21) 清少納言と紫式部が会った事実　→(Bγ)

　　〃　(23) さんまを焼く匂い　→(Bα)

　　〃　(24) 宮女たちが布を洗っていた姿　→(Bα)

　　〃　(25) 誰かが階段を降りて来る音　→(Bα)

次に「相対的(内容)補充」の用例。(「→( )」は筆者の整理)

　　〃　(26) 火事が広がった原因は空気が乾燥していたことだ。⇔「結果」
　　　　　　→(Bγ)

　　〃　(27) キング師が暗殺された結果，黒人解放運動は過激化の道を辿っ
　　　　　　た。⇔「原因」→(Bγ)

　　〃　(28) 先頭集団が走っている前をパトカーが走っていた。⇔「後」
　　　　　　→(Bα)

　寺村は、(20)〜(25)を「正面から補充」、(26)〜(28)を「反面補充」と呼
ぶ。それは、「相対的な内容をもつことばを直ちに連想させる名詞の一群」
の存在を認めて「特殊な連体修飾構文を成立させる」と考えたからである
(pp.201-202)。寺村(26)〜(28)の後に「相対的な内容をもつ」名詞を記した
が、単語(名詞)に限定して「連想」したことに問題があった。明確な単語

である必要はなかったと考える。彼は「特殊な連体修飾構文」の存在を予
測しながら、その具体的な構造を示さなかった。その系譜に連なる研究で
も同様である。

　益岡隆志(2000)は、寺村が相対的内容補充に該当すると考える一部の例
文に疑問を呈する。例えば「たばこを買ったおつり」には相対的な関係に
ある名詞が存在しないことを指摘して、このような場合、「修飾節と主名詞
の間の意味的関係が明示されていない」から「何らかの補い——例えば、
「ときの」や「ための」のような補い——が必要となる」と考えて、「修飾
節と主名詞の意味的関係を表すべき語句が潜在化している」外の関係を認
めて「縮約節」と呼ぶ。また、意味的関係が明示されない様相を「省略」
と解することを強く否定する (pp.219-220)。その後、益岡(2009)は、名称を
「相対性修飾節」と変更するが、基本的な考えは同じである。次は益岡の用
例。( ) は益岡の記述をそのまま記す。

　　益岡 (15)家を借りる交渉（＝家を借りるタメノ交渉）→(Bγ)
　　　〃　(16)世話をやいてもらったおかえし
　　　　　　（＝世話をやいてもらったコトニ対スルおかえし）→(Bγ)

　寺村や益岡の考察には、相対的内容補充に関する連体修飾構造の解明を
試みる意欲が見えるものの、画期的な提案がなかった。益岡は潜在的な語
句の存在を示唆するが、その構造を説明していない。

3．丹羽哲也による相対的内容補充の理解

　益岡ら以降、丹羽哲也(2010)が相対的内容補充について論究する。丹羽
は「相対修飾」として、その修飾部分を「相対節」と呼ぶが、それ以前の
見解を踏襲する。そこでは、松下大三郎(1930)の「相対名詞」の概念を援
用する。それを紹介する。

　松下は、名詞のうち「本名詞の小別 其二」として「絶対名詞／相対名
詞」を立てる。前者は「他物に関係せずに単独に考へられる具備した全概念
を表す名詞」、後者は「他物に対して相関係してのみ具備的に考へられ、単
独に考へては意味の具備しない半概念を表す名詞」として「連詞の中に於
て其相対の基準をあらはす補充語を要する」と述べる。松下のいう「補

5

充語」とは、「子をください→犬の子を……」「一方を落した→手袋の一方を……」のように、「原因⇔結果、罪⇔罰、前⇔後、上⇔下」等の相対的／対照的な単語対に限定して考えるべきでない点が肝要であったが、寺村に追従する研究では、そこを踏み違えたふしがある。(pp.229-230、下線は筆者、原文は旧字体)

これに基づいて、丹羽は次のように「相対修飾」を規定する。

主名詞となる名詞が、単独では意味的に自立しない関係概念を表し、<u>修飾部分がその関係を補充する</u>という連体修飾関係を、相対(補充)修飾関係と呼ぶ。(p.97、下線は筆者)

丹羽は「(松下の)半概念」を「修飾部分が補充する」と考える。ここで、「修飾部分」が体言(相当)となる点が問題となる。(「コト相対節／モノ相対節」という概念を規定することから、体言(相当)と考えているようだ。p.100) なぜなら、連体形式が体言となるのは、いわゆる《準体》であるが、そうなるのは、連体形式がその修飾対象をもたないことが条件となるからである。筆者は、以前、準体句について考察したが、連体形式が連体修飾か準体構造形成か、いずれの作用を発動するかは、それが述語の間接成分か直接成分かで決定する。後者のみが準体構造を形成するのが事実である。丹羽の規定は、連体修飾において連体形式が準体構造を形成しないことに矛盾する。なお、同一の形式も環境が違えば、異なる作用を発動し得る。次は丹羽の用例で、後半も丹羽によるもの。意味の説明として支障ないが、構造の理解として正しいか疑わしい。

丹羽 (9)′ 旅行に行く<u>準備</u>をする。

　　　　　　　　→ 旅行に行く<u>タメノ準備</u> ……　 →(Bγ)

　〃 (11)′ 手術をした<u>翌日</u>に退院した。

　　　　　　　　→ 手術をした<u>日ノ翌日</u> ……　 →(Bα)

　〃 (12)′ 稼いだ<u>半分</u>を持って行かれた。

　　　　　　　　→ 稼いだ<u>金ノ半分</u>を …… 　→(Bα)

4．筆者による連体修飾構造の理解

丹羽の主張は、松下の「相対名詞」を採り入れた、それ相応の妙案であっ

た。しかし、連体修飾の環境で連体形式が準体構造を形成するという矛盾
をはらむ。筆者は、その矛盾を解消するため、基底核という概念を提唱す
る。まず、《連体修飾》とはどのような行為か確認しよう。

　連体修飾とは、話題(＝対象)となる主名詞に関連する種々の情報を、そ
の主名詞に付与する行為である。つまり、《連体修飾は、素朴な関係づけの
行為である》と考える。また、連体修飾表現は、文中から取り出すと、主
名詞を主題とする属性叙述の性格を有する。2 文に分かれる内容を 1 文で
表現することができる。これが効用である。

　　　きのう大きな飛行船を見た。

　　　　→　きのう飛行船を見た。and その飛行船は大きかった。

　さて、本題に入ろう。筆者の家庭での出来事から。2019 年 7 月、中学生
の長男がナップサック(鞄)を取り違えて帰宅。その後、学校へ返却した。
その事件を聞いて、筆者が長男に「まちがえた子のウチに返しに行った
の？」と質問した。念のため「まちがえた子」の意味を確認したところ、
長男は「まちがえた鞄の子」と理解していた。さらに、「まちがえた子は
〇〇チャンもだよね。」「うん。」「同じ表現で違った意味になるね。」と会
話は続いた。筆者は当該の発話の直後に本稿のテーマに関する用例である
ことに気づいた。これまで、連体修飾について、主名詞に対する連体修飾
節の表現がどのような意図で用いられたかという観点から考察されたこと
がないように思われる。その表現の意図と主名詞の内実を探る必要があろ
う。「まちがえた子」を題材にして連体修飾の構造を考えてみよう。(論理
記号：{ }は表出されない潜在する概念(名詞)で、[[X_N]N]は、N が X_N を包
含する。φは、主名詞が包含する概念(名詞)、または主名詞。( )は表出さ
れない部分。)

　「まちがえた子」の前提：長男が鞄を取り違えた。その鞄の持ち主。

　(a)「(長男_ガ φ_ヲ)まちがえた[[鞄]子]」：「子」は持ち主。→ 外の関係

　(b)「(φ_ガ 鞄_ヲ)まちがえた[子]」：「子」は長男。→ 内の関係

(a)は「子」が包含する {鞄} を「まちがえた」が修飾するのに対して、(b)は
「子」を「まちがえた」が修飾する構造をもつと理解できる。このことか
ら、連体修飾には、主名詞の全体を修飾する部類のほかに、全体を構成す
る部分を修飾する部類が存するといえる。

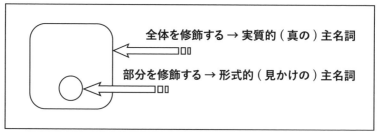

全体への修飾と部分への修飾

　筆者は、上述の検討を踏まえて《基底核》という概念を提案する。

（ⅰ）〈基底〉とは、ある語の概念が成立するのに不可欠な、その語に潜在する事物・事象などの仮構的な概念をいう。〈基底核〉とは、その基底を形成する作用を有する連体修飾の対象となる仮構的な被修飾体をいうが、そのような連体修飾の行われる際に基底核が発動する。なお、ある語とその基底との関係は、恒常的なものと、文脈によって生じる臨時的なものとがある。（基底と基底核とは、個別の用例において峻別しがたい場合もある。理論上、区別して規定した。）

（ⅱ）日本語の連体修飾は、主名詞の総体を修飾するものと、主名詞の基底核を修飾するものとが存する。それぞれ、〈総体修飾／基底核修飾〉と呼ぶ。また、前者は〈限定〉作用と〈属性付与〉作用とに、後者は両作用および〈事象付与〉作用とに区分できる。

　改めて筆者の整理を示す。

　特筆すべきは、連体修飾表現の表出に際して、主名詞の総体、あるいは、その基底核、いずれにも差別なく行なわれ、その相違を意識せず表出できる構造をもつことである。

５．２つの構造、３つの作用

　前節で述べた連体修飾の構造とその作用について、それぞれの用例を検討しよう。ただし、総体修飾：限定は、寺村「内の関係」に対応するが、本稿における検討課題が見出せないので、対象から除外する。

５−１．総体修飾：属性付与

　総体修飾：属性付与は、寺村「外の関係：ふつうの内容補充」の一部に対応する。筆者による整理の基底核修飾：事象付与との判別に注意を要するが、属性叙述文による判定テストを施行することで、総体修飾か基底核修飾か判定できる。（属性叙述文については、益岡隆志(2004)に従う。属性叙述文の作成方法は次のとおり。

　［連体修飾節連体形］［主名詞］ → ［ソノ(主名詞)ハ］[(連体修飾節終止形)]。
ただし、主名詞が定指示の用例では「その」を付さない。）それは、連体修飾節をそのまま述部とする適格な文が形成できるとき、その連体修飾節が主名詞の属性に相当すると判定されるからである。この判定テストは、連体修飾の類型を分析する際に有効な手段となる。付言すると、基底核修飾では、適格な文が形成できない。なお、適格／不適格は、日本語母語話者(筆者)による許容度の測定による。

　本節の区分に該当する用例を対象に判定テストを実施する。

　(1) ……、住民に早期避難を促す。 ［記録的な豪雨が日常のものとなった］［今日］、非常事態のスイッチには手をかけておくのが「正常」な姿だと思った方がいい。（毎日新聞「余録」2019年5月30日）

　　　◎今日ハ記録的な豪雨が日常のものとなった。〔判定〕適格文
「記録的な豪雨が日常のものとなった」が主名詞の属性に相当するため、総体修飾と認められる。（定指示の「今日」は、ソノを付さない。）

　(2) ……、17年に名人戦リーグを陥落後は思うような好成績を挙げられず、[若手の強豪が次々台頭する][現状]に、一度目指した医師の道に転身することを決意したという。（毎日新聞2019年8月16日）

　　　◎現状ハ若手の強豪が次々台頭する。〔判定〕適格文

(3) 兼好法師のみならず、[誰もが蒸し暑い夏を家で過ごした][昔]である。欧州や中国には貴人が涼しい土地で夏を過ごす「避暑」の習慣があったが、……（同「余録」2019年10月19日）

(4) [民間英語試験が延期された][来年度からの大学入学共通テスト]で、今一つ受験生を不安にさせている国語と数学の記述式試験である。（同2019年11月8日）

　上記の(2)(3)(4)の用例も、すべて総体修飾と判定される。属性付与の作用とは、主名詞のもつ属性を叙述するものである。

５－２．基底核修飾：事象付与

　基底核修飾：事象付与は、寺村「外の関係：ふつうの内容補充」の一部と「同：相対的(内容)補充」の一部とに対応する。筆者は、両者とも同じ構造をもつと考える。

　まず、寺村が「ふつうの—」とする用例のうち、前掲の寺村(21)「清少納言と紫式部が会った事実」を検討しよう。この「事実」を意味的に類似の「こと」に置き換えても、構造は変わらない。判定テストを施すと、不適格の判定となる。「＊ソノ事実(こと)ハ清少納言と紫式部が会った。」したがって、連体修飾節「清少納言と紫式部が会った」は、主名詞「事実(こと)」の属性に該当しないと認定される。

　この点を根拠として「事実(こと)」に対して基底核の概念を適用すれば、当該の連体修飾節表現は、基底核を発動する連体修飾節の叙述する事象が基底を形成する構造をなす。（基底を形成する事象を〈基底事象〉と呼ぶ。）つまり、主名詞の基底として事象が付与される。これが事象付与の作用である。とりわけ「こと」はその基底となる事象を概念化する装置(＝形式)で、思考・叙述の対象として存在する事象を客体化する機能を有する。たとえば、次の文をテストすると、

(5) [太郎が進級試験に合格した][こと]は、みんな知っている。（作例）

「＊ソノことハ太郎が進級試験に合格した。」となって、不適格と判定される。したがって「太郎が進級試験に合格した」は「こと」の属性に該当しない。コトは、連体修飾節が叙述する事象を基底として形成される。コトの機能は、事象を受容かつ統括する言語的容器(ウツワ)であると考える。

　なお、「こと」は無色透明のウツワであり、ほかにも「事実・話・物語・伝説」など数え切れないウツワがあるが、それらは固有の色や模様で意味的に装飾された点で有標的である。

　さらに、寺村が「相対的補充」と呼んだ用例も本節の区分に含まれる。基底(核)の考え方を適用すると、原因⇔結果、罪⇔罰の4語を主名詞とする用例は、総体修飾：限定に当たらなければ、等しくこの区分に該当する。たとえば、「人を殺した罪」と「人を殺した罰」とを対照すると、いずれも「人を殺した(事象)」を基底とみなして支障ない。理論上、[基底事象]→「罪」→「罰」の隣接関係が成立しようと、「罪」を介さず「罰」は[基底事象]に直接できる。それは、言語が現実の事物から必要な部分を抽出して叙述する性質をもつからである。

　(6) [他の先進国と比べ、この国の女性の活躍が少ない][背景]には、も
　　　しかすると ……（毎日新聞2019年10月5日、投稿記事）

　この用例は、判定テストで適格文となる。しかし、連体修飾節の叙述する事象が、「背景」でなく、それが引き起こした現状に該当する。したがって、この連体修飾節は「背景」の基底事象を叙述する。[[現状]背景]と理解できる。（改めて論理記号を次のように規定する。[[X_N]N]は、X_NがNの基底核であることを、φは基底核と重複する(表出しない)連体修飾節の述語の項を標示する。）

　さて、「背景」も、寺村が相対的補充と考えた「原因・結果」と同じ部類に属する。つまり、本節の前半における検討と併せると、「ふつうの―」と「相対的―」とは等しい構造をなすといえる。寺村が異なる構造と考えたのは、個々の単語が有する語彙的意味による。なお、上記のほか、この部類に該当する用例は、引用した用例（→(Bγ)）に多数みえる。

5－3．基底核修飾：限定

　この部類は、主名詞の基底核それ自体が、連体修飾節の述語の項となるものである。「相対的(内容)補充」の一部が含まれる。

　筆者の言語生活から用例を示す。家族が近くの博物館を見学した展示内容を尋ねた場面で、発話の直後に気づいたもの。

　(7) [戦争で焼けた][写真]があったの？（疑問文、2019年8月）

「写真」の基底核は被写体である。[(φガ)戦争で焼けた][[被災地]写真]となる。φは基底核{被災地}に同じ。基底核を抽出すると「(φガ)戦争で焼けた[被災地]」という連体修飾が潜在する。[被災地]を限定する連体修飾である。限定作用は基底核のみにでなく、その主名詞にも作用する。

(8) がん患者の約8割が病院で亡くなっている現状と比べ、今回の調査では[自宅や介護施設で亡くなった][遺族]の回答割合が高かった。(朝日新聞2018年12月26日)〔同様の「遺族」の用例、多数〕

「遺族」は死者を基底核とする。[(φガ)自宅や介護施設で亡くなった][[死者]遺族]となる。φは基底核{死者}に同じ。{死者}に対する限定作用が生じている。さらに「遺族」も限定する。

5-4. 基底核修飾：属性付与

この部類は、連体修飾節が基底核の属性を叙述する連体修飾を形成する。それは、先述の判定テストで確認できる。寺村「外の関係：ふつうの内容補充」の一部に対応する。

(9) [一夜明けた]損壊の[状況]が物語る揺れの激しさ。新潟県で震度6強。速やかな被害把握と、2次災害への警戒を。(毎日新聞「近事片々」2019年6月19日)

「損壊の」は「一夜明けた」に併置された連体修飾句で、当該の節も「状況」を修飾すると考えて支障ない。「状況」は被災地を基底核とする。よって、[一夜(ガ)明けた][[被災地]状況]となる。基底核を抽出すると「一夜(ガ)明けた[被災地]」という連体修飾が潜在する。判定テストで、「ソノ被災地ハ一夜(ガ)明けた。」は適格文である。「一夜(ガ)明けた」は、基底核{被災地}に対する(時間的な)属性付与として作用する。この用例は、基底核が連体修飾節の述語の項とならない。

(10)用水路は1級河川の前川に流れ込み、市街地へと通じているため、市は[用水路を浄化して観光船を運航させ、道の駅の客に市街地まで来てもらいたい][考え]がある。(毎日新聞2019年9月28日)

「考え」は基底核{市}を要求する。[(φガ)用水路を浄化して……市街地まで来てもらいたい][[市]考え]である。φは基底核{市}。基底核を抽出すると「(φガ)用水路を浄化して……市街地まで来てもらいたい[市]」が潜在

する。基底核{市}が定指示のため、この連体修飾は、限定作用ではなく、{市}に対する属性付与として作用する。これは基底核が連体修飾節の述語の項となる用例である。

> (11)同様に文化財の上に建物が復元されたケースは少なくない。北海道函館市の国の特別史跡・五稜郭跡に2010年に復元された箱館奉行所もその一つで、[1871年に解体された][姿]が忠実に再現されている。(同2019年10月31日)

箱館奉行所は、1871年に解体され、2010年に復元された。「姿」の基底核{箱館奉行所}に対する連体修飾で、[(φ_が)1871年に解体された][{箱館奉行所}姿]となる。「1871年に解体された」は、基底核{箱館奉行所}の履歴的な属性に相当するため、属性付与の作用となる。(10)と同じく基底核が連体修飾節の述語の項である。

6．おわりに―連体修飾の本性―

前節では、寺村「内／外の関係：内容補充」から離れて、筆者の提案する基底核の仮設によって独自の分析を試みた。その結果、次のような感想にたどり着いた。

◆連体修飾は、脳裏に浮かんだ情報を即座に主名詞に結び付けるが、その過程で、連体修飾節と主名詞とがどのような論理的関係を有するか、事前に確認する必要はない。

◆研究の立場から用例を分析すると、多様な論理的事実が見出せるが、話し手はそれらの論理的事実を関知しない。

これを要約すると、日本語の連体修飾は、叙述内容の論理的関係を詳しく認識せずとも実行できる構造を有すると言える。また、当該の言語活動においても主名詞の基底核を意識せず表現できる。

基底核は不明値のまま叙述可能である。

連体修飾にかかわる、先達が積み重ねた成果に対して、疑問を提起した。この試論が図星を突くか、暗闇に見えた幻影か。今後、用例の検証を重ねて唯一の理解であるかを確認していく。

（用例の採取には、ニュースサイト「毎日新聞」を利用した。）

参考文献

寺村秀夫 (1975-78)「連体修飾のシンタクスと意味—その1～その4—」『日本語・日本文
　　　化』4～7号（1992年、『寺村秀夫論文集Ⅰ—日本語文法編—』pp.157-320、
　　　くろしお出版による。）

金水　敏 (1986)「連体修飾成分の機能」『松村明教授古稀記念国語研究論集』
　　　pp.602-624、明治書院

益岡隆志 (2000)「連体修飾における縮約節」『日本語文法の諸相』第16章、pp.215-
　　　232、くろしお出版

————— (2004)「日本語の主題—叙述の類型の観点から—」益岡隆志編『シリーズ言
　　　語対照〈外から見る日本語〉5 主題の対照』、pp.3-17、くろしお出版

————— (2009)「連体節表現の構文と意味」『月刊言語』第38巻1号、pp.18-25

丹羽哲也 (2010)「相対補充連体修飾の構造—準体節との対応—」『日本語の研究』
　　　第6巻4号、pp.95-108

松下大三郎 (1930)『改撰標準日本文法』（1984年、復刊改訂第2刷・勉誠社による。）

樋野幸男 (2016)「準体句をなす連体形を準体形とみれば—準体構造の本質をたずねて—」
　　　『富山大学国語教育』第41号、pp.43-50

この分野を学ぶための基礎文献

渡辺 実 (1971)『国語構文論』塙書房

久野 暲 (1973)『日本文法研究』大修館書店

南不二男 (1974)『現代日本語の構造』大修館書店

奥津敬一郎 (1974)『生成日本文法論：名詞句の構造』大修館書店

柴谷方良 (1978)『日本語の分析：生成文法の方法』大修館書店

英語の所有表現に見られる名詞句階層

藤川勝也

1. はじめに

　英語には所有を表す形式として(1a, b)に示す2つの形式がある（以下、(1a)を「所有格形」、(1b)を「of形」と呼び、両者を包括して呼ぶ場合は「所有表現」という用語を用いる）。

(1) a. the emperor's death

　　b. the death of the emperor

(Huddleston and Pullum (2002: 658))

両者は(1)のように相互に交替可能な場合もあれば、(2), (3)に示すように一方の形式しか容認されない場合もある。

(2) a.　Mary's car

　　b. ?the car of Mary　　　　　　　　　(Hawkins (1981: 257))

(3) a. ?the mountain's foot

　　b.　the foot of the mountain　　　　　(Hawkins (1981: 257))

　また、主要部名詞によって容認度が変わる場合もある。例えば、主要部名詞がloyaltyの場合、所有格形もof形も容認されるが、carの場合of形は容認されない。

(4) a. His *friend's loyalty* must not be questioned.

　　b. Just consider *the loyalty of his friend* to stand there so long.

(5) a. His *friend's cars* are always top quality.

　　b. *The cars of his friend* are always top quality.

(Deane (1987: 69-70))

さらに (6) のような談話的要因にも影響を受ける。(6a) では economy に焦点があるため、所有格形が選ばれているが、(6b) では「工業国（the industrialized nations）」との対比で the world に焦点があるため of 形が選ばれている。

(6) a. The speaker said that, among the global problems that face us now, *the chief one is the world's economy*. [*economy* is in focus]

    b. He went on to say, however, that in order to succeed we must first tackle *the economy of the industrialized nations*, which is the basis for *the sound economy of the world*. [*world* is in focus]

(Quirk et al. (1985: 1282))

このように、所有格形／of 形の選択には複数の要因が絡んでおり、この現象の背後にどのような原理があるのか、直ちには不明である。

この現象に関しては、Taylor (1996), Rosenbach (2002) という詳細かつ包括的な研究が既にあるが、本稿ではシルバースティーンによって提案された名詞句階層に焦点を当て、この問題について考察する。

本稿の構成は以下の通りである。まず 2 節で Deane (1987) の研究を概観し、所有表現と名詞句階層との関係について論じる。3 節では Rosenbach (2002, 2008) を取り上げ、名詞句階層が三つの階層から成り、英語では有生性が優先されることを見る。以上を踏まえた上で、4 節ではコーパス調査を基に、有生性以外の要因がこの現象とどのように関わるのか考察し、名詞句階層について再考する。5 節はまとめである。

2. Deane (1987): 所有表現と名詞句階層

Deane (1987) は、所有格形／of 形の選択が上で見たようなさまざまな要因が絡んでいることを認めつつも、基本的には (7) のような名詞句階層[1]に

1　この階層は Silverstein (1976) によって提案されたものである。詳細については呉人（本書所収）を参照。

従うと述べている。

(7) 1人称代名詞 ＞ 2人称代名詞 ＞ 3人称照応形 ＞ 3人称指示詞 ＞ 固有名
　　詞 ＞ 親族名詞 ＞ 人間・動物名詞 ＞ 具体物 ＞ 容器 ＞ 場所 ＞ 知覚可
　　能な ＞ 抽象物

(Deane (1987: 67))

　つまり、この階層で高い位置に来るものは所有格形の容認度が高く、of形
の容認度は低い。逆に、低い位置に来るものは所有格形の容認度が低く、
of形の容認度が高い。例えば (8) では階層が低くなるにつれ、容認度が下が
り、一方、(9) では階層が高くなるにつれ、容認度が下がる。

(8) my foot ＞ his foot ＞ its foot ＞ Bill's foot ＞ my uncle's foot ＞ the man's
　　foot ＞ the dog's foot ＞ the bicycle's handle ＞ the house's roof ＞ his
　　honour's nature
(9) the foot of me ＜ the foot of ＜ the foot of it ＜ the foot of Bill ＜ the foot of
　　my uncle ＜ the foot of the man ＜ the foot of the dog ＜ the handle of the
　　bicycle ＜ the roof of the house ＜ the nature of his honour

(Taylor (1996: 221), 表記を修正)

　では、なぜ所有格形／of形の選択は、名詞句階層に従うのか？この問い
に対して、Deane (1987, 1992) はトピック／焦点（topic/focus）の観点から説
明している。Deane (1987) における、トピック／焦点の定義は以下である。

(10) a. トピック：談話上の中心ではあるが背景化されている名詞句
　　 b. 焦点：トピックについての情報を表すもの

　Deane (1987) の主張は、所有格形／of形とトピック／焦点は、(11) のよ
うな関係にあり、名詞句階層はトピックになりやすい要素の階層として解
釈できる、というものである。

(11) a.　<u>X</u> 's　　　　　<u>Y</u>
　　　　Relatively　　　Relatively
　　　　topical　　　　in focus

　　b.　<u>Y</u>　　of　　<u>Z</u>
　　　　Relatively　　　Relatively
　　　　topical　　　　in focus

(Deane (1987: 71))

　これを支持する証拠として、(12) を挙げている。

(12) a. (Public Poster): A meeting of Overeaters Anonymous will take place at *the*
　　　　　home of Agnes Levy, 184 Elm St., on⋯
　　b. (Public Poster): ??A meeting of Overeaters Anonymous will take place at
　　　　　Agnes Levy's home, 184 Elm St., on⋯
　　　　　(Riddle (1984), Deane (1987: 72)から引用, 強調は筆者)

(12) はポスターで述べられていることなので、通常はAgnes Levy が誰かは
分からないため、トピックとして解釈されない。従って、焦点位置となる
of形の方が自然となる。逆に、(13)のような談話では所有格形の方が自然
になる。

(13) What:　A Birthday Party
　　 Who:　 For Amy Lindsey
　　 When:　2:00 on Saturday afternoon
　　 Where: *Amy's house*
　　　　　(from an actual invitation, Deane (1987: 72), 強調は筆者)

　この場合、Amyは2行目で紹介されているため既知となりトピックとして
解釈される。従って、この場合には所有格形の方が自然になる。
　このように、所有格形（[X's Y]）のXはトピックを担い、of形（[Y of Z]）

のZは焦点を担う。そうすると、名詞句階層とはトピックになりやすい要素の階層と解釈できるのである。実際、名詞句階層の上位に来る要素は代名詞や指示詞であり、トピックになりやすいものである。下位に来る要素は抽象的で際立ちが低いためトピックになりにくい。以上がDeane (1987)の議論である。

3. Rosenbach (2002, 2008): 名詞句階層の分解と有生性

Deane (1987) が所有格形／of形の選択をトピック性（topicality）の問題に帰したのに対して、Rosenbach (2002, 2008) は、有生性（animacy）はトピックかどうかという問題には還元できず、これ自体、独立した要因として認める必要があることを主張している。

まずRosenbach (2002)は、名詞句階層は(14)に示す3つの階層から成ることを指摘している。

(14) a. 人称の階層：1 ＞ 2 ＞ 3

b. 指示性／トピック性の階層：代名詞＞固有名詞＞普通名詞

c. 有生性：(a) 有生物＞無生物 (b) 人間＞非人間

(Rosenbach (2002: 43))

例えば、(7)の名詞句階層における1人称代名詞は、人称の階層、指示性／トピック性の階層、有生性の全てが関わっているが、具象名詞になると指示性／トピック性の階層と有生性との相互作用から生じることになる。

これを踏まえ、Rosenbach (2002, 2008)の所有表現の分析を見てみよう。まず、所有格形／of形の選択は(15)の二つの尺度の相互作用によって決まる。

(15) a. 有生性の尺度：人間＞有生物＞無生物

b. 指示性／定性の尺度：代名詞＞固有名詞＞定＞不定＞不特定

(Rosenbach (2008: 164))

ここで重要なのは、有生性の尺度は指示性／定性の尺度とは独立した要因として機能しているという点である。というのも、例えば、(16a, b) は両者とも定冠詞の the であることから、[+ topical] であるが、[+animate] の the girl's cheeks の方がはるかに出現頻度が高い。

(16) a. the girl's cheeks [+animate] [+topical]

　　 b. the chair's frame [-animate] [+topical]

　　 c. the girl's cheeks ＞ the chair's frame（出現頻度）

一方、(17a, b) は両者とも不定冠詞の a であることから両者とも [-topical] であるが、この場合も [+animate] である a man's eyes の方がはるかに出現頻度が高い（Rosenbach (2008)）。

(17) a. a man's eyes [+animate] [-topical]

　　 b. a bed's side [+animate] [-topical]

　　 c. a man's eyes ＞ a bed's side（出現頻度）

このことは、所有格で生じる名詞句が「有生かどうか」ということと「トピックかどうか」ということは相互に独立した要因として働いていることを示す。

　以上から Rosenbach (2002, 2008) は、英語の所有格形には「有生性（animacy）」「トピック性（topicality）」「所有関係（possessive relation）」の三つの要因が関わっており、この順で重要になると述べている。この要因は相互に関わり、まとめると (18) のようになる（[±proto] は典型的な所有関係を表す。(18) は Rosenbach (2008: 166) を書式上、修正したもの）。

(18)

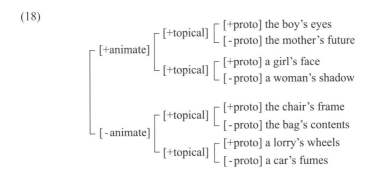

```
                                    ┌ [+topical] ┌ [+proto] the boy's eyes
                                    │            └ [-proto] the mother's future
                    ┌ [+animate] ─┤
                    │               └ [+topical] ┌ [+proto] a girl's face
                    │                            └ [-proto] a woman's shadow
                  ─┤
                    │               ┌ [+topical] ┌ [+proto] the chair's frame
                    │               │            └ [-proto] the bag's contents
                    └ [-animate] ─┤
                                    └ [+topical] ┌ [+proto] a lorry's wheels
                                                 └ [-proto] a car's fumes
```

つまり、所有格形／of 形の選択には、有生性の尺度がまず優先され、その
次にトピック性、所有関係の尺度が関わり、(18) で上にある表現の方がよ
り典型的な所有格形ということになる。例えば、the boy's eyes は有生で定
であり、かつ譲渡不可能所有を表すため最も典型的な所有格形となる。一
方、一番下の a car's fumes はで無生物で不定であり、車とガスの関係は所
有関係とは言えないため、所有格形よりも of 形が好まれることになる[2]。

4. 名詞句階層と談話的要因との関係

　以上見てきたように、所有格形／of 形の選択は基本的には名詞句階層に
従う。また Rosenbach (2002, 2008) が明らかにしたように、英語では有生性
が独立した要因として優先的に機能している。では、1 節、2 節で見たよう
な談話的要因と名詞句階層はどのように関連するのだろうか。
　まず、上でみた談話的要因に左右される例をもう一度見てみよう ((6),
(13a) を (19), (20) として再掲)。

2　ただし、(i) に見るように現代英語では無生物名詞における所有格形の使用が増加傾向にある
　（Rosenbach (2002)）。
　　(i) a. Europe's future
　　　 b. the county's population
　　　 c. love's cruelty　　　　　　　　　　　　　　　　　　(Rosenbach (2002: 249-250))
　Rosenbach (2002) は、この要因として [+animate], [+topical], [+proto] の環境における所有格形の
　定着、類推的・比喩的拡張など、複数の要因を挙げている。

(19) a. The speaker said that, among the global problems that face us now, the chief
one is *the world's economy*. [*economy* is in focus]

   b. He went on to say, however, that in order to succeed we must first tackle
the economy of the industrialized nations, which is the basis for *the sound
economy of the world*. [*world* is in focus]

(20)   (Public Poster): A meeting of Overeaters Anonymous will take place at *the
home of Agnes Levy*, 184 Elm St., on…

(19a, b)は無生物名詞の例、(20)は固有名詞の例である。既に見たように、
これらの例では情報構造上、主要部名詞か所有者のどちらが焦点になるか
によって所有格形／of形が決定されている。

　しかしインフォーマントによると、人称代名詞の場合、(20)と同じ文脈
でも(21b)は容認されないという。

(21) a.   The meeting will take place at my home.

   b. ??The meeting will take place at the home of me.

さらに、所有者が単数か複数かで、その振る舞いが変わる場合がある（呉
人惠先生のご示唆による）。COCA (Corpus of Contemporary American English)
によるコーパス調査をすると、以下のような結果が得られる。

表1: COCAにおける人間名詞の所有格形とof形 (1)[3]

(a) child/toy

所有格形	件数	of 形	件数
child's * toy	79	toy of * child	0
children's * toys	166	toys of * children	7

(b) person/life

所有格形	件数	of 形	件数
person's * life	550	life of * person	100
people's lives	2,169	lives of * people	908

表1に示すように、child/toy と person/life の組み合わせでは単数でも複数でも所有格形が好まれ、単数・複数に差が生じない。しかし、child/life の組み合わせでは、単数の場合は所有格形がof形より三倍以上の頻度で出現するが、複数になると所有格形も of形もほぼ同じ出現頻度になる (表2 (a) 参照)。さらに、child/body の組み合わせでは、単数では所有格形がof形より二倍近くの頻度で出現するが、複数になると of形の方が出現頻度が高くなる (表2(b) 参照)。

表2: COCAにおける人間名詞の所有格形とof形 (2)

(a) child/life

所有格形	件数	of 形	件数
child's * life	631	life of * child	184
children's * lives	606	lives of * children	546

(b) child/body

所有格形	件数	of 形	件数
child's * body	140	body of * child	68
children's * bodies	48	bodies of * children	67

3　表中の * は「任意の語」を意味する。例えば、"toy of * child" で検索すると "toy of a child," "toy of the child" などの結果が得られる。これは "child toy" で検索すると、その結果には "a child toy" や "the child toy" も含まれるためである。本研究では 0 語から 3 語まで検索した。以下、同様である。

同じことは、人間以外の有生名詞でも見られる。例えば、horse/hoovesの組み合わせでは単数でも複数でもof形より所有格形が好まれる（表3(a)参照）。しかし、animal/lifeの組み合わせでは単数では所有格形の方が出現頻度が高いのに対し、複数になるとof形の方が出現頻度が高くなる（表3(b)参照）。

表3: COCAにおける人間以外の有生名詞の所有格形とof形

(a) horse/hooves

所有格形	件数	of 形	件数
horse's * hooves	61	hooves of * horse	11
horses' * hooves	83	hooves of * horses	27

(b) animal/life

所有格形	件数	of 形	件数
animal's * life	31	life of * animal	18
animals' * lives	19	lives of * animals	42

　このように英語では、所有者が複数になると有生名詞でもof形の方が出現頻度が高くなる場合がある[4]。
　この現象は表4に示すように、名詞句階層で高い位置に来る人称代名詞では見られない。

表4: COCAにおける人称代名詞の所有格形とof形

(a) 1人称代名詞

所有格形	件数	of 形	件数
my body	6,980	body of me	2
our bodies	2,224	bodies of us	0

4　呉人（本書所収）によるとコリャーク語でも似た振る舞いが観察される。コリャーク語では、所有関係を接辞で表し、名詞の種類によってその接辞が異なる。興味深いことに所有者が複数になると、単数の場合とは異なった振る舞いを示す。コリャーク語の所有表現の詳細に関してはKurebito (2004), 呉人（本書所収）を参照。

(b) 3人称代名詞

所有格形	件数	of 形	件数
his body	11,658	body of him	0
their bodies	4,532	bodies of them	0

　Rosenbach (2002, 2008)の議論も合わせて、これらの事例を考えると、確か
に英語では有生性が優位であると言ってよい。しかし、その尺度には度合
いがあると考えられる。つまり、名詞句階層の高い位置と低い位置では、
有生性が優位に働くが、名詞句階層の中心に進むに連れて、有生性以外の
指示性やトピック性などの要因（便宜上、談話的要因と呼ぶ）に影響を受
ける度合いが高くなるのである。これを図示したのが図1である。

名詞句階層	人称 ＞ 固有 ＞ 親族 ＞ 人間・有生 ＞ 具体物 ＞ 抽象物
所有表現	←―― 所有格形　　　　　　　　　of 形 ――→
有生性	←――→
談話的要因	←―――――――――→　←―――――――――

図1: 英語の階層における尺度の反映の度合い[5]

　名詞句階層のみを見ていると、「英語の所有格形／of形の選択は名詞句
階層に従うが談話の要因によっても左右される」と言うことしかできない
が、Rosenbach (2002, 2008)が主張するように、名詞句階層を分解すると、
次のような一般化が可能になる[6]。

(22) 英語の所有格形／of形の選択に関して、
　　a.　　有生性は名詞句階層の高い位置と低い位置で優位に働く。
　　b.　　談話的要因は名詞句階層の中心に進むにつれて、その影響の度合

5　この表では、名詞句階層を簡略化して「人称 ＞ 固有 ＞ 親族 ＞ 人間・有生 ＞ 具体物 ＞ 抽象物」
　としているが、正確には 2 節の (7) で示されているものである。
6　(22) が所有表現だけで成り立つのか、名詞句階層一般に当てはまるのか、ということについて
　は、名詞句階層が見られる他の現象も検討する必要がある。今後の課題としたい。

いが大きくなる。

5. おわりに

　以上、英語における所有格形／of形の選択と名詞句階層との関わりについて考察してきた。英語ではRosenbach (2002, 2008)が主張するように有生性と指示性／トピック性が独立した要因として機能している。しかし、それらの反映の仕方には度合いがあり、名詞句階層の高い要素と低い要素では有生性の要因が大きく働くが、名詞句階層の中心部では、談話的要因に左右されやすくなると言える。

参考文献

Deane, P. (1987) English possessives, topicality,and the Silverstein hierarchy. *Proceedings of the Annual Meeting of the Berkley Linguistics Society* 13: 65-76.

Huddleston, R. and G.K. Pullum (2002) *The Cambridge Grammar of the English Language*. Cambridge: Cambridge University Press.

Kurebito, M. (2004) Possessive and Relational in Koryak viewed from the Animacy Hierarchy. In Osahito Miyaoka and Fubito Endo (eds.) *Languages of the North Pacific Rim* 9. ELPR A2-043, 35-46. Suita: Faculty of Informatics, Osaka Gakuin University.

Quirk, R, S. Greenbaum, G.Leech, and J.Svartvik. (1985) *A Comprehensive Grammar of the English Language*. London/New York: Longman.

Rosenbach, A. (2002) *Genetive Variation in English: Conceptual Factors in Synchronic and Diachronic Studies*. Berlin/New York: Mouton de Gruyter.

Rosenbach, A. (2008) Animacy and grammartical variation-Findings from English genitive variation. *Lingua* 118: 151-171.

Silverstein, M. (1976)Hierarchy of Features and Ergativity. In R.M.W. Dixon (ed.) *Grammatical Categories in Australian Languages,* 112-171. Canberra: Humanities Press.

Taylor, J. (1996) *Possessives in English*. Oxford: Oxford University Press.

基礎参考文献

高橋勝忠 (2017)『英語学を学ぼう：英語学の知見を英語学習に活かす』東京：開拓社
野村益寛 (2014)『ファンダメンタル認知言語学』東京：ひつじ書房

濱田英人 (2016)『認知と言語：日本語の世界・英語の世界』東京：開拓社

岩田彩志 (2012)『英語の仕組みと文法のからくり：語彙・構文アプローチ』東京：開拓社

廣瀬幸生・島田雅晴・和田尚明・金谷優・長野明子（編）(2017)『三層モデルでみえてくる言語の機能としくみ』東京：開拓社

コリャーク語の所有表現と名詞句階層
—英語との共通性に着目して—

呉人　惠

1. はじめに

よく知られた次の英語の2種類の所有表現。

　(1a) Mary's house「メアリーの家」

　(1b) the wall of the house「その家の壁」

本稿では，この2種類の所有表現の使い分けの尺度が，英語とは系統も類型も異なる言語であるコリャーク語 (Koryak) の所有表現にも共通していることを，アメリカの言語学者M. シルバースティーンが見い出した名詞句階層 (Silverstein 1976) という原理を用いて明らかにする[1]。

2. コリャーク語の分布域・系統・類型

　本論に入る前に，その存在がほとんど知られていないコリャーク語について簡単に紹介しておく。コリャーク語はロシア連邦のカムチャツカ半島付け根から北に分布する言語である。系統的にはチュクチ・カムチャツカ語族 (Chukchi-Kamchatkan)，さらに大きな括りでいえば，シベリア生え抜きの言語のひとつとして，古アジア諸語 (Paleoasiatic) に含まれる。2000人ほどしか話者がいない，いわゆる消滅の危機に瀕した言語である。子供たちは，すでにコリャーク語を母語として学んでおらず，ロシア語に同化しているため，コリャーク語が将来にわたり話し続けられる可能性は絶たれている。

　このように，コリャーク語は数の上から見れば，極めて弱小な言語である。しかし，言語学的に見ると，「両大陸の要」「橋渡し」的言語（渡辺

---

[1]　この2種類の形式は必ずしも，常に意味的に所有関係を表わすわけではない。ただし，本稿では形式面を重視し，便宜的に「所有」と呼ぶことにする。

1992:149）と形容されることからもうかがえるように，両大陸の諸言語の
歴史的関係性を探る上で，無視することができない重要な言語である。複
統合性，能格性，抱合等々，類型論的に見ても，稀少な現象の宝庫と言っ
ても過言ではない。ここでは，紙幅の関係上，意味的には文にも相当する
長い語，すなわち一語文 (holophrase) を例にあげ，一語が数多くの形態素
を含みうる複統語的な性格の一端を紹介するにとどめる。

(2) t-ə-nk'e-ta-kmeŋ-ə-nalɣ-ə-paŋka-pill'aq-ə-ŋ-ə-k-Ø
    1単主-挿入-夜中-作る-子供-挿入-毛皮-挿入-帽子-小さな-挿入
    -作る-挿入-1単主-完了）
    「私は，夜中に子供用の小さな毛皮の帽子を作った」

3.　シルバースティーンの名詞句階層

　名詞句階層は，Silverstein (1976) により初めて提案され，Dixon (1979:85)
により修正が加えられて，次の階層として示された。
　　　　1人称代名詞＞2人称代名詞＞3人称代名詞＞親族名詞・固有名詞
　　　　＞人間名詞＞動物名詞＞無生物名詞
　シルバースティーンの名詞句階層は，オーストラリア先住民諸語のひと
つジルバル語 (Dyirbal) の分裂能格 (split-ergative) という現象から着想され
た。自動詞主語，他動詞主語，目的語を表わす格組織のタイプには6種類
ある。なかでも主要なタイプは，自動詞主語と他動詞主語を同じ格で表わ
し，他動詞目的語を異なる格で表わす主格・対格型，自動詞主語と他動詞目
的語を同じ格で表わし，他動詞主語を異なる格で表わす能格・絶対格型の
二つである。オーストラリア先住民諸語では，この主格・対格型と能格・
絶対格型の共存が頻繁に見られる。これを「分裂能格」と呼ぶ。Silverstein
(1976) はこの共存の仕方に名詞句階層がかかわっていることを指摘した。図
1はその階層の内容である。1人称の人称代名詞から人間名詞，動物名詞，
さらに無生物名詞へと階層を成している。階層の高い名詞が主語や目的語
になる場合には主格・対格型が，階層の低い名詞が主語や目的語になる場
合には能格・絶対型が選ばれるという。

1人称	2人称	3人称	親族名詞・固有名詞	人間名詞	動物名詞	無生物名詞

対格 →　　　　　　　　　　　　　　　　　　　　← 能格

主格：他主・自主	能格：他主
対格：他目	絶対格：自主・他目

図1　オーストラリア先住民諸語の分裂能格（角田 [2009] に基づく）

　このように，Silverstein (1976) は，ジルバル語の分裂能格に見られる名詞句階層について指摘した。しかし，その後，この原理は，諸言語の様々な文法現象に反映していることがわかってきた。日本語についてだけでも，角田 (2009) によれば，能動文と受動文の使い分け，「は」と「が」の分布，無生物主語他動詞文，形式名詞「こと」などの用法に名詞句階層がかかわっている。名詞句階層は世界の諸言語の文法研究の強力な武器であることが認知されてきたのである。このことは，コリャーク語についても例外ではない。

4. コリャーク語の所有表現

　本節ではコリャーク語の所有表現について見る。所有者が単数の場合と複数の場合ではふるまいが異なり，その違いが階層化の尺度を考えるうえでも重要であるため，以下では両者を分けてみていく。

4.1. 所有者が単数の場合

　所有者が単数の場合には，-nin, -n/-nən, -in/-en, -kin/-ken の4種類の所有接辞がある（語末形。母音の異なる異形態は母音調和による。-n/-nən の違いは不明）。これらを以下，便宜的に「A接辞」(-nin),「B接辞」(-n/-nən),「C接辞」(-in/-en),「D接辞」(-kin/-ken) とする。A~D はそれぞれ階層も表わす。A から D のいずれの接辞を取るかは，次表1で見るように，名詞の意味によって決まっている (Kurebito 2004)。

表1　所有形式に見る所有者 (単数) の階層

所有接辞	A	B	B／C	C	D
	-nin	-n/-nən	-nən~-in/-en	-in/-en	-kin/-ken
名詞の種類	人称代名詞	固有名詞・親族呼称・「誰」・指示代名詞	人間名詞	親族名称／動物名詞／無生物名詞	無生物名詞 (時空間)

　A接辞は，もっぱら人称代名詞につく。B接辞は，固有名詞（人間・動物），親族呼称，「誰」を表わす疑問代名詞，指示代名詞につく。C接辞は親族名称，動物名詞，無生物名詞につく。さらに，人間名詞は，B，Cどちらの接辞も取ることができる。D接辞は，時空間を表わす無生物名詞につく。以下，(3a)~(3c) はA接辞，(4a)~(4e) はB接辞，(5a)(5b) はB/C接辞，(6a)~(6c) はC接辞，(7a)(7b) はD接辞の例である。

(3a) ɣəm-nin　　　jaja-ŋa

　　1単-A　　　　家-絶単

　　「私の家」

(3b) ɣ-ə-nin　　　　　imət-Ø

　　2単-挿入-A　　　荷物-絶単

　　「お前の荷物」

(3c) ə-nin　　　　ɣakaŋje-Ø

　　3単-A　　　　橇-絶単

　　「彼／彼女の橇」

(4a) notajava-n /　　　　　　　notajava-nən

　　ノタージャヴァ（人名）-B　　ノタージャヴァ-B

　　icʕ-ə-n

　　毛皮コート-挿入-絶単

　　「ノタージャヴァの毛皮コート」

(4b) əvəqli-n /　　　　　əvəqli-nən　　picɣ-ə-n

　　エヴァクリ（犬名）-B　エヴァクリ-B　餌-挿入-絶単

「エヴァクリの餌」

(4c) appa-n /　　　appa-nən　　　ujetik-Ø
　　　父さん-B　　　父さん-B　　　橇-絶単
　　　「父さんの橇」

(4d) mik-ə-n /　　　mik-nən　　　wala-Ø
　　　誰-挿入-B　　　誰-B　　　　　ナイフ-絶単
　　　「誰のナイフ」

(4e) wutin-ə-n[2]　　　nənnə-Ø
　　　これ-挿入-B　　　名前-絶単
　　　「この人の名前」

(5a) el'ʕa-nən ~　　el'ʕ-en　　koȷŋ-ə-n
　　　女-B　　　　　　女-C　　　コップ-挿入-絶単
　　　「女のコップ」

(5b) ajma-nən ~　　　　ajm-in　　　　　　　macina-Ø
　　　リーダー-B　　　　リーダー-C　　　　車-絶単

(6a) en'pic-in　　　ujetik-Ø
　　　父-C　　　　　橇-絶単
　　　「父の橇」

(6b) ʕətʕ-in　　　ŋoȷŋ-ə-n
　　　犬-C　　　　尻尾-挿入-絶単
　　　「犬の尻尾」

(6c) utt-in　　　jaja-ŋa
　　　木-C　　　家-絶単
　　　「木の家」

(7a) jaja-ken　　　təllətəl
　　　家-D　　　　入口（絶単）

2　現時点では -nən が接続する例は確認されていない。

32

「家の入口」

(7b) ləqleŋ-kin ics-ə-n-e-ʔci

冬-D 毛皮コート-挿入-絶単

「冬の毛皮コート」

このような所有接辞の使い分けは，細部の違いはあるにせよ，上述の Silverstein (1976) の名詞句階層とよく似ている (8a)(8b)。

(8a) 【シルバースティーンの名詞句階層】

1人称代名詞＞2人称代名詞＞3人称代名詞＞親族名詞・固有名詞＞人間名詞＞動物名詞＞無生物名詞

(8b) 【コリャーク語】

人称代名詞＞親族呼称・固有名詞・「誰」・指示代名詞＞人間名詞＞親族名称・動物名詞・無生物名詞＞無生物名詞（時空間）

コリャーク語においても，A, B, C, Dの4つの所有接辞の使い分けに名詞句階層が絡んでいることは間違いがなさそうである。

4.2. 所有者が複数の場合

一方，所有者が複数の場合には，A, B, CはすべてCに中和され，人称代名詞から時空間以外の無生物名詞まですべてC接辞を取る。その際，人間を表わす名詞は複数接辞 -cɣをC接辞に前置させるが，動物名詞，無生物名詞は前置させない。そこで，Cはさらに人間か非人間かでC1とC2に下位分類される。Dも複数接辞は取らない（表2）。

表2　所有形式に見る所有者（複数）の階層

所有接辞	-in/-en		-kin/-ken
複数接辞	○	×	
	C1	C2	D
名詞の種類	人称代名詞・固有名詞・親族呼称・「誰」・指示代名詞・人間名詞・親族名称	動物名詞・無生物名詞	無生物名詞（時空間）

以下では，複数接辞を伴う人間を表わすC1と複数接辞を伴わない動物や無生物を表わすC2の例を見る。まずはC1の例である。(9a) は所有者が人称代名詞，(9b) は固有名詞（人間），(9c) は親族呼称，(9d) は指示代名詞，(9e) は人間名詞，(9f) は親族名詞の例である。

(9a) mu-cɣ-in　　　kəmiŋ-ə-n
　　　1複-複-C　　　子供-挿入-絶単
　　　「私たちの子供」

(9b) ɣərɣol'-cɣ-en　　　etolʃ-o
　　　ゲルゴル-複-C　　　生まれた子-絶複
　　　「ゲルゴルたちの子供たち」

(9c) apappo-cɣ-ena-w　　　　　metʃajanv-o
　　　じいさん-複-C-絶複　　　よいもの-絶複
　　　「じいさんたちのよいもの」

(9d) ŋanen-ə-cɣ-en　　　etənvəlʃ-o
　　　それ-挿入-複-C　　　主人-絶複
　　　「それらの主人たち」

(9e) ajma-cɣ-in　　　　　kojŋ-o
　　　リーダー-複-C　　　カップ-絶複
　　　「リーダーたちのカップ（複数）」

(9f) əllʃ-ə-cɣ-en　　　titi-w
　　　母-挿入-複-C　　　針-絶複
　　　「母たちの針（複数）」

　次にC2の例を見る。(10a) は動物名詞，(10b) は無生物名詞の例である。いずれにもC接辞の後に絶対格複数を表わす -w が接尾されているが，これは主要部の名詞と一致してその複数性を表わしているのであり，所有者の複数性を表わしているのではない。

(10a) ʃətɣ-ʔfine-w　　　ŋojŋ-o
　　　犬-C-絶複　　　尻尾-絶複
　　　「犬の尻尾（複数）」

(10b) ujetik-ine-w　　　　paktəlŋ-o
　　　橇-C-絶複　　　　　底板-絶複
　　　「橇の底板（複数）」

　所有者が単数と複数の場合のこのようなふるまいの違いは，コリャーク語の名詞句がどのような尺度により階層化されているのかを考えるうえで，示唆的である。所有者が複数の場合には，意味論的な「特定性・指示性」の低下が起きていると考えられる。

　ここで英語の例 (11a)(11b) を参考にしたい。

　　(11a)　a cat「不特定の猫・特定の猫」

　　(11b)　cats　「猫一般」

　a cat は不特定な猫も特定の猫も表わすことができる。一方，無冠詞・複数形のcatsはいわゆる「総称用法」であり，この場合には指示対象の一般化がなされる。言い換えれば，単数形に比べ特定性・指示性が低くなる。上で見たコリャーク語の所有者が複数の場合の階層の中和化とも通じる現象であると考えられる。

5.　階層化の尺度

5.1. 英語の階層化との比較

　本節では，英語の所有表現について考察した藤川（本書第1章）に基づき，コリャーク語を英語と比較対照することにより，コリャーク語の階層化の尺度を探っていく。ここでまず，Deane (1987) が示した名詞句階層とコリャーク語の名詞句階層を比較する（コリャーク語は所有者が単数の場合）。これにより，両言語の類似点と相違点が浮かび上がってくる。両言語の名詞句階層を図示すると，図2のようになる。Deane(1987) が無生物に関して下位分類している「具体物」「容器」「場所」「知覚できる物」「抽象物」は便宜的に「ア」「イ」「ウ」「エ」「オ」とする。

English	上位							下位				
								無生物名詞				
	1	2	3	指示詞	固有名詞	親族名詞	人間・有生名詞	ア	イ	ウ	エ	オ
Koryak	A			B			B/C	C		D		
	1/2/3			固有名詞・親族呼称・「誰」・指示代名詞			人間名詞	親族名称・動物・無生物名詞		無生物（時空間）		

図2　英語とコリャーク語の所有表現における名詞句階層

　階層の上位の名詞から下位の名詞へとみていく。まず，人称代名詞は，英語では1人称＞2人称＞3人称と階層化しているが，コリャーク語の場合には区別がない。次に指示詞，固有名詞，親族名詞は英語では別の階層に分類されるが，コリャーク語では同じBの階層である。ところで，ここで英語で言う「親族名詞」とは「親族呼称」と「親族名称」の両方を含めたものである。ちなみに，藤川氏のコーパス調査によれば，例えば呼称に使われる daddy, dad と，そうでない father では所有表現におけるふるまいに大きな違いは観察されないとのことである。一方，コリャーク語では「親族呼称」はB，「親族名称」はCと両者は異なる階層に分類されている。

　次に，人間名詞について見る。英語では人間名詞は有生名詞と一括りにされている。一方，コリャーク語では人間名詞はB/Cのいずれの接辞も取るのに対し，人間以外の有生，すなわち動物名詞はC接辞のみを取るというように異なる階層に分類されている。動物名詞が無生物名詞と同じC階層である点も，コリャーク語の特異点である。さらに，コリャーク語では無生物は時空間を表わすかそれ以外かで階層が異なるだけだが，英語では細分化されている。

　以上のように，両言語の階層化の仕方は一見類似しているようで，細部を見ると違いもある。では，階層化の仕方が異なると，その尺度にも違いが生じるであろうか。コリャーク語において名詞句を階層化している尺度とは一体どのようなものなのであろうか？

5.2. 有生性と談話的要因

　ここで，藤川（本書1章）の図1で示した英語の階層における尺度の反映の度合いを参照されたい。これは，階層上位の名詞と下位の名詞では「有生性」，つまり，有生物か無生物かの違いが顕著に表れる一方で，階層中位では有生性の尺度よりも「談話的要因」が際立ってくることを，連続相によって示したものである。このスケールは，コリャーク語について考えるうえでも極めて有効である。下図3は藤川（本書1章）の図1をコリャーク語の名詞句階層に作り替えたものである。

階層	A	B	B／C	C	D
名詞の種類	人称代名詞	固有名詞・親族呼称・「誰」・指示代名詞	人間名詞	親族名称／動物名詞／無生物名詞	無生物名詞（時空間）
有生性	← ──────────────── →			← ──────────────── →	
談話的要因	← ────────────────────────────			── →	

図3　コリャーク語の階層における尺度の反映の度合い

　名詞句階層は，階層化の尺度に「有生性」が絡んでいるとされることから，「有生性階層 Animacy hierarchy」と呼ばれることもある (Comrie 1979:322)。たしかに，階層上位と下位では，有生か無生かが明確である。しかし，階層中位では有生性だけでは説明できない点が見られる。人間名詞がB接辞だけでなく，無生物名詞も取るC接辞を取りうる点，有生名詞と無生名詞がともにC階層に分類されている点などである。このことは，英語同様に談話的要因を導入しないとうまく説明ができない。談話的要因を導入する根拠となるのが，B/C階層に該当する人間名詞のふるまいである。次の(12a)(12b)の例ではtumɣ「友人」という人間名詞が所有者として現れている。(12a)ではtumɣはB接辞を取り，(12b)ではC接辞を取っている。

(12a)【私はジュカ，ジャクジェント，コッテという友人と森に出かけて犬橇に初めて乗ってみたという話をしてから】

jatan ɣəm-ə-k　　　　tumɣ-ə-nən　　　　en'pic-in
ただ　1単-挿入-所　　　友人-挿入-B　　　父-C

ko-tva-ŋ-Ø　　　　　　　　　janot　　　ɣakaɲje-Ø
不完了-ある-不完了-3単主　　はじめ　　橇-絶単

「はじめ，私の友だちのお父さんにだけ犬橇があった」

(12b)【隣家でろうそく用に使っている豚の脂を欲しがっている私を見て母親が】

unekem　　　　tumɣ-in　　　ejek-Ø
どうやら　　　友人-C　　　蝋燭-絶単

n-ə-nu-ni-n.
希求-挿入-食べる-3単主-3単目

「この子はどうやらよその蝋燭を食べようとしているのね」

　(12a)では，談話において「友人」は「ジュカ，ジャクジェント，コッテ」とすでに言及されており既知である。したがって，特定性・指示性が高い。一方，(12b)では，隣家の誰かであることは予想できるものの，特定されているわけではない。このことから，(12a)に比べると，特定性・指示性が低いと考えられる。

6. おわりに

　以上見たコリャーク語の所有表現の階層化の尺度についてまとめると，次のようになる。

　1)有生性と特定性・指示性が複合的に働く。

　2)特定性・指示性には意味論的なもの（複数の所有者）と，談話的なもの（階層中位）がある。

　3)階層の上位と下位では有生性が優位に働いているが，中位では有生性の区別があいまいになるのと平行して，談話的な特定性・指示性が優位になる。

　これらの特徴は，藤川（本書1章）で見た英語の所有表現の階層化の尺度

と共通している。名詞句階層が言語に普遍的に見られる「認知的際立ち」の高いモノの利用による階層であるとするならば，系統的にも類型的にも異なる言語間でのこのような類似性があっても決して不思議ではないとしている。この指摘が，本学部で学べるドイツ語，フランス語，ロシア語，中国語，朝鮮語といったより広範な言語間での比較対照を通して補強されることが期待される。

付記

　本稿は、科学研究費基盤研究(B)「北方危機諸言語の形成プロセスの解明に向けたネットワーク強化」（18H00665，代表：呉人惠）の研究成果の一部である。この研究助成による現地調査（2019年10月）では、筆者がこれまで収集してきた関連のデータを詳細に検証することができた。

【略語】

1＝1人称，2＝2人称，3＝3人称，単＝単数，複＝複数，
主＝主語，所＝場所格，絶＝絶対格，挿入＝挿入母音

【参考文献】

Comrie, B. (1979) The Animacy Hierarchy in Chukchee. In Paul R. Clyne, William F. Hanks, and Carol L. Hofbauer (eds.) *The Elements: A Parasession on Linguistic Units and Levels, Including Papers from the Conference on Non-Slavic Languages of the USSR*, 322–329. Chicago: Chicago Linguistic Society.

Deane, P. (1987) English Possessives, Topicality, and the Silverstein Hierarchy. *Proceedings of the Annual Meeting of the Berkley Linguistics Society* 13: 65-76.

Dixon, R.M.W. (1979) Ergativity. *Language* 55:59-138.

Kurebito, M. (2004) Possessive and Relational in Koryak viewed from the Animacy Hierarchy. In Osahito Miyaoka and Fubito Endo (eds.) *Languages of the North Pacific Rim* 9. ELPR A2-043, 35-46. Suita: Faculty of Informatics, Osaka Gakuin University.

Silverstein, M. (1976) Hierarchy of Features and Ergativity. In R.M.W Dixon (ed.) *Grammatical Categories in Australian Languages*, 112-171. Canberra: Humanities Press.

角田太作 (2009)『世界の言語と日本語 言語類型論から見た日本語 改訂版』東京：くろしお出版.

渡辺己 (1992)「新旧両大陸の要：チュクチ・カムチャツカ語族」宮岡伯人（編）『北の言語：類型と歴史』, 147-163. 東京：三省堂.

【基礎参考文献】

上野善道・風間喜代三・町田健・松村一登 (2004)『言語学 第2版』東京：東京大学出版会.

加藤重広・佐久間淳一・町田健 (2004)『言語学入門―これから始める人のための入門書』東京：研究社.

コムリー, バーナード／松本克己・山本秀樹（訳）(2001)『言語普遍性と言語類型論―統語論と形態論 第2版』東京：ひつじ書房.

西田龍雄（編）(1986)『言語学を学ぶ人のために』京都：世界思想社.

ウィリアム・シェイクスピアへの
ジェイムズ・ジョイスの敵対
——『ハムレット』の改作を中心に——

結城　史郎

はじめに

わたしの研究領域はアイルランド文学で、そのうちでもジェイムズ・ジョイスの手法に関心があります。たとえば、ジョイスの作品の『若い芸術家の肖像』(1916年) もその一つです。クレタ島の迷宮に閉じ込められたダイダロス父子が、羽を考案して空へと飛び立つ物語を枠組みとし、アイルランドという迷宮から脱出し、大陸へと亡命する文学青年の物語になっている。同じくジョイスの作品としてホメロスの『オデュッセイア』を模した『ユリシーズ』(1922年) がある。10年におよぶオデュッセウスの地中海放浪の物語を凝縮して、レオポルド・ブルームというユダヤ人の血を受け継ぐ広告取りの、1904年6月16日のダブリンの一日が描かれている。そして最後の作品である『フィネガンズ・ウェイク』(1939年) も、「フィネガンズ・ウェイク」という死と復活の歌を基に構想された。ジョイスの作品は先行の作品の改作と言っていい。

　ところで、先行作品に立脚したこうした文学的手法で思い出されるのは、本学のヘルン文庫の持ち主であったラフカディオ・ハーンである。その作品は「再話」と呼ばれているように、日本の民話を時代にそぐうように書き直されている。たとえば、『影』という作品に収められた「和解」という物語は、『今昔物語』や『雨月物語』を基に、夫婦の和解を現代的に描いた物語だ。ハーンが「浦島太郎」を非難したことも想起したい。浦島太郎は郷里に戻り、その変貌に失望し、玉手箱を開け亡くなった。ハーンは祖国アイルランドの民話である「アシーンの放浪」における、主人公アシーンの毅然とした決意を念頭に入れていたと思われる。

　このようにジョイスもハーンも作品のレベルは異なるものの、先行の物語を使用しながら、それぞれ独自の物語を創作した。二人ともアイルラン

ド人であるという偶然もあるが、いずれの改作も真新しいことではない。ロビンソン・クルーソーものや、ドン・ファンものにかぎっても、数多くのヴァリエーションがある。もう少しなじみのある物語として、グリムの「赤ずきんちゃん」や、日本の「かちかち山」の改作もある。あるいは物語には続編や前編も想定できるし、細部を語り直した作品もある。こうした事情に鑑み、ロラン・バルトは1968年に「作者の死」を説き、作品は言葉によって織りなされた「テクスト」であるとした。テクストは作者の意図とは関わりなく、まさしく様々な読みを誘導してくれる。こうして「作者の死」は「読者の誕生」によって贖われることとなった。

　本論はそうした流れに即したものである。その意味では作者の復権を語るものではない。読者がこれまでとは違った解釈を提起するとき、その読者は異なる物語を想定しているはずである。そうした読者のうちには、ジョイスやハーンのように、新たな物語を書く人もいる。読者の誕生と作者の死は軌を一にしている。が、「読者の誕生」には「作者の誕生」という創造的な力学も含意されている。たとえば、グリムの「白雪姫」はイタリアを起源としながら、ドイツ的な要素を加味して創作された。今日、そのヴァリエーションも数多い。「白雪姫」からさまざまな解釈が始動され、さまざまなヴァリエーションが書かれている。倉橋由美子の『大人のための残酷童話』にも興味深い改作がある。

1．ジョイスの『ユリシーズ』

そのような流れを念頭におきながら、シェイクスピアに敵対するジョイスの『ハムレット』論を検討したい。が、その前にまずジョイスの『ユリシーズ』の改作について簡単に述べておく。ホメロスの『オデュッセイア』の概要を述べ、ジョイスの『ユリシーズ』に接続するつもりである。

ホメロスの『オデュッセイア』
①第1歌：ゼウスを中心に神々の集会が開かれ、トロイア戦争終結後、いまだ帰郷もかなわぬオデュッセウスの救出が決議される。彼はニンフのカリュプソに囚われ、故国イタケでは妻ペネロペイアに求婚を言いよる者た

ちが群がり、館で狼藉を働いている。

②第2〜4歌：女神アテネがオデュッセウスの郷里イタケを訪れ、息子テレマコスに父の生存を伝え激励する。テレマコスはその言葉に力を得て、父の情報を求め、ピロスの<u>ネストル</u>、さらにスパルタの<u>メネラウス</u>の館を訪問する。

③第5歌：カリュプソのもとにヘルメスが訪れ、オデュッセウスを解放するように、という神々の命が伝えられ、オデュッセウスは船出する。だが彼に恨みを抱く海神ポセイドンはその船を難破させる。

④第6〜7歌：オデュッセウスは命からがら、アルキノオス王のスケリエ島に漂着し、<u>王女ナウシカア</u>に救助され、館へと案内される。彼は王に厚遇され、これまでの放浪を回想する。

⑤第8〜12歌：トロイアから船出したオデュッセウスの放浪は、<u>浮世の苦しみを忘れる蓮を食べている人々の住む島</u>、<u>一つ目巨人たちの島</u>、<u>風の神アイオロスの島</u>、<u>食人種ライストリュゴネス族の島</u>、<u>魔女キルケの島</u>、<u>死の神ハデスが治める冥界</u>、<u>海の精セイレンの島</u>、<u>6つの頭を持つ怪物スキュレと渦カリュブディスに挟まれた難所</u>、<u>太陽神の牛の島</u>、そして<u>カリュプソの島</u>という順であった。

⑥第13〜16歌：オデュッセウスの話に感動したアルキノオス王は、彼を故郷のイタケへ送り届ける。オデュッセウスの面前に女神アテネが現れ、乞食に変装させ、彼の忠実な僕<u>エウマイオス</u>を訪れさせる。折しも、スパルタからテレマコスが帰国し、父と息子の再会の段となる。二人は求婚者たちへの報復を計画する。

⑦第17〜19歌：翌朝、親子は館へ別々に入る。求婚者たちは乞食姿のオデュッセウスをあざ笑い狼藉を働くが、テレマコスのとりなしで平穏な夜を迎える。オデュッセウスは、息子の手を借り、家中の武器をすべて隠し、正体を隠したまま、妻のペネロペイアに夫が無事なことを告げる。すると彼女は弓の試合を翌日行うことを提案する。

⑧第20〜22歌：勝利を確信し目覚めたオデュッセウスは、ペネロペイアの提案した弓の試合に臨む。彼は見事に勝利し、テレマコスとともに家を閉ざし、求婚者たちを全員殺害し、硫黄で家を清める。

⑨第23〜24歌：こうしてオデュッセウスはペネロペイアに夫として名乗りを

あげ、ペネロペイアは夫婦と乳母しか知らない<u>寝台の秘密</u>を持ち出し、夫の正体を確認する。晴れて夫婦再会となり、悲喜こもごもの話を交わす。翌日、オデュッセウスは父親を訪ねる。そこに殺害された求婚者たちの家族が報復するために結集するが、神々のとりなしにより、万事が丸く収まる。

ジョイスの『ユリシーズ』

こうしたオデュッセウスの10年にわたる地中海の放浪の物語をめぐり、ジョイスは『ユリシーズ』において、1904年6月16日という、大英帝国支配下のアイルランドの首都ダブリンの一日に対応させた。正確には16日の午前8時〜翌17日の午前3時までで、世界的にこの一日は「ブルームズデイ」と祝祭されている。「現在は過去の未来であり、同時に未来の過去である」ことから、ジョイスはこの一日に色々な問題を含みこませた。アイルランドの詩人W. B. イェイツの「レダと白鳥」という詩によれば、ふとした出来事（ゼウスとレダの交合）がトロイア戦争の契機となり、ギリシアの王アガメムノンの死をもたらした。『ユリシーズ』の一日も過去の記憶と未来への潜勢力が認められる。

　『ユリシーズ』の主要登場人物は3人。スティーヴン・ディーダラス（22歳、文学青年）、レオポルド・ブルーム（38歳、新聞の広告取り、父親はユダヤ人）、モリー・ブルーム（33歳、歌手、母親はユダヤ人）である。それぞれ『オデュッセイア』のテレマコス、オデュッセウス、ペネロペイアに対応している。『オデュッセイア』の概要の下線部の内容を以下のように現代的に改作している。全18挿話の構成である。なお、『ユリシーズ』は前半部がモダニズム、後半部がポストモダニズムと呼ばれているが、作品が孕む文体の力学については別稿で扱うこととし、本稿では物語のみを対象とすることをお断りしておく。

　第1挿話「テレマコス」：午前8時から午前8時45分。ダブリン市南東、サンディコーヴの海岸に立つマーテロ塔。この場面はオデュッセウスの息子テレマコスが、母への求婚者たちから、父の館を追放される場面に対応している。第2挿話「ネストル」：午前10時前後。塔の近くの私立学校。テレ

マコスは父の情報を求めて、知恵者ネストルの館を訪れるが、情報を得ることはできない。無能な校長がネストルに対応。第3挿話「プロテウス」：午前10時40分ごろから午前11時ごろまで。メネラウスは変幻自在の神プロテウスを捕え、帰国の進路を聞き出したが、スティーヴンも事物の本質を探る。

　第4挿話「カリュプソ」：午前8時ごろから午前8時45分まで。エクルズ通りのブルームの家。カリュプソはオデュッセウスを捕えているニンフ。この場面では夫を捕えている妻モリーが対応。第5挿話「食蓮人たち」：午前9時45分から午前10時半まで。現実の苦しみを忘れさせてくれる蓮の実は、酒やギャンブルなどに対応。第6挿話「ハデス」：午前11時から午後0時ごろまで。知人ディグナムの葬儀。オデュッセウスがハデスの治める冥府に下降するように、ブルームも墓場を訪問する。

　第7挿話「アイオロス」：午後0時15分ごろから午後1時10分ごろまで。ブルームは新聞社フリーマンズ・ジャーナルに戻り、広告取りの仕事を開始する。風の神アイオロスは風見鶏的なジャーナリズムの世界に対応。第8挿話「ライストリュゴネス族」：午後1時10分ごろから午後2時10分ごろまで。ブルームは新聞社を出て、仕事の前にデイヴィー・バーン酒場で軽食をとる。ライストリュゴネス族は食人種で、昼食をむさぼる市民に対応。第9挿話「スキュレとカリュブディス」：午後2時10分すぎから午後2時55分まで。国立図書館で、スティーヴンは文学界の重鎮を相手に、シェイクスピア論を語る。スキュレというのは6つの頭を持つ怪物、カリュブディスは海の渦。その難所を切り抜けることになる挿話。ここではシェイクスピア論をめぐる難しい議論に対応。

　第10挿話「さまよう岩々」：午後2時55分から午後4時まで。19の断章から構成され、市民の様々な日常の生態が点描される。『オデュッセイア』ではこの難所のことが語られているものの、オデュッセウスはその難所を避けており、この対応はジョイスが想像したもの。第11挿話「セイレン」：午後3時40分ごろから午後4時半ごろまで。オーモンド・ホテル。セイレンはその歌声で近くを通る船人を殺すと言われ、バーのメイドがセイレンに相当。第12挿話「キュクロプス」：午後4時45分から午後5時45分まで。バーニー・キアナン酒場。キュクロプスは単眼巨人で、民族主義者に対応。

第13挿話「ナウシカア」：午後8時25分から午後9時まで。第3挿話と同じサンディマウントの海岸。ナウシカアは難破して漂着したオデュッセウスを世話する王女で、主人公ブルームに好意的な眼ざしを向ける未婚の女性に対応。第14挿話「太陽神の牛」：午後10時から午後11時15分まで。国立産婦人科病院。太陽神の牛は豊穣の象徴で、産婦人科病院に対応。第15挿話「キルケ」：午後11時25分から午前0時40分まで。ベラ・コーエンの娼家。キルケは妖術を使う魔女で、人間を動物に変える娼婦が対応。

　第16挿話「エウマイオス」：午前0時40分から午前2時まで。バット橋のたもとの駅者溜り。エウマイオスはオデュッセイアの忠実な部下で、主人が館へ帰るまでの間、休息を与えてくれる。駅者溜りの店主が対応。第17挿話「イタケ」：午前2時から午前3時まで。ブルーム宅。オデュッセウスが大地にキスをするように、ブルームは妻の尻にキスをする。第18挿話「ペネロペイア」：午前3時すぎ。寝室。ペネロペイアの独白はないが、ジョイスはモリーに声を与えた。

２．『ハムレット』の内容

『オデュッセイア』はオデュッセウスの地中海放浪の物語でありながら、妻ペネロペイアや故国イタケが簒奪の危機に晒される物語でもある。『ユリシーズ』も変わらず、ブルームのダブリン市内散策の物語でありながら、妻モリーやアイルランドをめぐる簒奪の物語である。しかしジョイスは『ハムレット』も取りあげ、イギリス支配下のダブリンを描き、『ユリシーズ』の簒奪のテーマを広げることにした。『ハムレット』はよく知られた物語であり、イギリス人の作家シェイクスピアへのジョイスの敵対を念頭に入れ、ジョイスの『ハムレット』を検討したい。概要と問題点を記しておく。

シェイクスピアの『ハムレット』
第1幕——デンマークのハムレット王が亡くなり、叔父クローディアスが王位を継承し、先王の妻ガートルードを娶った。早急な事の運びである。この事態の成り行きに不信感を抱いたハムレット王子は、友人のホレイショー

からハムレット王の亡霊が出没するとの噂を耳にし、自ら亡霊に接近し、事の真相を聞きただす。ハムレット王はクローディアスに殺害されたらしく、亡霊はハムレット王子に叔父への復讐を誓わせる。

第2幕――それでもハムレット王子は、叔父によるハムレット王殺害の真偽に不安を抱く。そこで彼は人々を欺こうと狂った素振りをし、周囲の者たちは彼の憂鬱な様子を測りかねる。内大臣ポローニアスは自分の娘オフィーリアへの恋ゆえの狂気ではないかと推測するが、クローディアスは、ハムレット王子の行動に猜疑心を募らせる。ちょうどその折、芝居の一座が到来する。

第3幕――ハムレット王子の憂鬱はますます深まるが、彼は役者たちに亡霊から耳にした通りの芝居『ゴンザゴー殺し』を上演させる。そしてホレイショーにクローディアスの顔色をうかがわせる。するとクローディアスは予想通り激怒し、先王殺害はどうやら真実であったらしい。ハムレット王子はクローディアスが罪を告白する場面を目撃する。それから彼は母ガートルードを手厳しい言葉で詰る。また、ハムレット王子は二人の話を立ち聞きしていたポローニアスを刺し殺すことになる。

第4幕――クローディアスはハムレット王子を英国に送り、英国王が彼を処刑するよう要請する密書を、同行のローゼンクランツとギルデンスターンに持参させる計画を立てる。だが、ハムレット王子はその計略を見破り、逆に王の命令に従う二人を処刑するよう密書を改竄し、ひそかにデンマークに帰国する。時を同じくしてポローニアスの息子レアティーズも帰国し、クローディアスとレアティーズは、ハムレット王子暗殺のための御前試合の計画を練る。その一方、オフィーリアは、父の死の悲しみとともに、ハムレット王子の暴言を受け発狂し溺死する。その死をめぐり、ハムレット王子とレアティーズは、オフィーリアの墓の前で対決する。

第5幕――レアティーズとハムレット王子の御前試合が行われる。レアティーズの剣に毒が塗られていただけでなく、ハムレット王子の飲物にも毒が入れられていた。試合の間に真実が明らかにされるが、時はすでに遅く、主要な人物がすべて亡くなる。そしてハムレット王子の遺言で、ノルウェーの王子フォーティンブラスがデンマークの王位に就く。

この物語のハムレット王子の悩みに心酔する読者もいれば、ハムレット王子の悲劇そのものを批判する読者もいる。オフィーリアの死を描いたラファエロ前派の絵画に心惹かれる読者もいるし、逆に「生きるべきか、死ぬべきか」といった言葉は若気の気負いだと受け取る読者もいる。あるいはデンマークの王宮での謀反をめぐり、現代世界のクーデターを暗示していると捉える読者もいるはずだ。そのような疑問から、改作が数多く試みられてきた。すなわち、『ハムレット』という物語は、作者シェイクスピアとは関わりなく、一人歩きし、新たな読みと新たな物語を紡ぎ始めたのだ。そのためハムレット王子の年齢、ハムレット王の亡霊、王妃ガートルードの早い結婚、ハムレット王子の「デンマークは牢獄である」といった発言の趣旨などに想像力をめぐらす読者もいるだろう。言葉の魔術師と呼ばれるシェイクスピアの含蓄の深い作品である。

3．ジョイスの『ハムレット』論

その一方で、作者シェイクスピアについて、作品の幅が広く、個人的な人物像を想定することは難しいと言われる。作者の個人的な情報を探る試みがなかったわけではないが、数多くの登場人物を生み出したことから、作者に相当する人物像を同定できない。にもかかわらず、シェイクスピア像を探る議論が、ジョイスの『ユリシーズ』の第9挿話の舞台、いわゆるアイルランド国立図書館で試みられる。主人公の一人スティーヴン・ディーダラスという文学者志望の青年が、『ハムレット』論というか、シェイクスピア論を語るのだ。その背景にあるのが簒奪という問題である。

　スティーヴンによると、『ハムレット』にはシェイクスピアの人生が投影されているという。亡霊のハムレット王はシェイクスピア、王妃ガートルードは妻アン・ハサウェイ、ハムレット王子は息子ハムネットに対応する。そしてシェイクスピアがロンドンで仕事をしている間、アン・ハサウェイは彼の弟と不義密通を犯した。そうした妻の裏切りに対する怨念が、『ハムレット』という悲劇に結晶したという。悲劇の時代は、シェイクスピアと妻との間の「不和」の時代であったが、晩年には孫娘が誕生し、夫婦の間に「和解」の精神が生まれる。事実、シェイクスピアはロマンスという和

解の物語で創作の幕を閉じている。

　実のところ、スティーヴンの語るシェイクスピアは、『ユリシーズ』という物語のテーマと無縁ではない。ブルーム夫婦はスティーヴンの語るシェイクスピアと類似していよう。アン・ハサウェイと同じく妻モリーも夫に背き、ボイランという興行師と不義を犯す。そのためブルームは心を苛まれ、生後間もなく亡くなった息子のことを回想する。シェイクスピアが息子ハムネットをハムレット王子に重ね、復讐を託すのと同じである。スティーヴンのシェイクスピア論は、このブルーム一家と接続するための役割も果たしている。

　それに加え、スティーヴンのシェイクスピア論は、アイルランド事情とも関わりがある。国家は女性として表象され、余所者であるイギリス人のアイルランドへの侵入は不義密通と見做された。そうであるなら、妻に裏切られたシェイクスピアはイギリス支配下のアイルランド人と変わらない。かくしてシェイクスピアはアイルランドへとハイジャックされる。イギリス文学の聖像としてのシェイクスピアは、妻に間男された麻痺的な作家ということだ。アイルランド人にとり、英語で物語を紡ぐことは、支配者の文学に貢献するという意識があった。そのためジョイスはスティーヴンという分身を用い、アイルランド人作家として、イギリスの聖像としてのシェイクスピア像を崩そうとしたのだ。

　このようにジョイスはスティーヴンという人物に託して、シェイクスピアという作家に自らを投影した。その一方で、シェイクスピアはシャイロックのような吝嗇のユダヤ人、あるいはイアーゴーのような狡猾な人物を生み出してもいる。かくしてシェイクスピアはそうした人物を包含する作者ということになり、こと『ハムレット』についても、シェイクスピアはハムレット王であると同時に、ハムレット王子にもなる。そのような前提に立つとき、スティーヴンのシェイクスピア論は根拠を失う。シェイクスピアという作者を定立することは不可能になるからだ。にもかかわらず、スティーヴンの『ハムレット』論には、裨益するところが大きい。いくつか列挙しておきたい。

　『ハムレット』というテクストにシェイクスピアの家庭生活を読み取ることには無理があるかもしれないが、王妃ガートルードの不義という着想

は斬新だ。その読み取りからすれば、最後のロマンス劇での「和解」の精神も納得できよう。それに『ハムレット』における血なまぐさい結末は、当時のイギリスにおけるボーア戦争に等しいとの指摘も興味深い。A. C. スィンバーンというイギリスの詩人は、囚人であるボーア人たちの扱いを「強制収容所」（牢獄）という言葉で表現した。『ハムレット』という殺戮劇は、帝国主義の侵略そのものの象徴であるだろう。

さらに、シェイクスピアは多くの作品を書いたが、世界を創造した神のように、悲劇を回避するすべがなかった。これも疑問だ。「世界は舞台、男も女もみな役者」という前提により、いずれも役者として扱ったが、ハムレット王子のとまどいのために、死ぬ運命になった脇役のことには視点が向けられていない。悲劇というジャンルの欠点は中心人物を対象にし、それ以外の世界を見落とすことにある。

また書かれているというハムレット王子の意識も語られている。彼は自分の人生が台本に書き込まれていることを意識しているのだ。同じくスティーヴンも、神による世界の創造という連想から、自らが台本に書き込まれていると意識する。彼は常に他者の視線を気にしている。だからこそ自分が台本に書き込まれているかもしれないとの不安を抱えているのだ。そのため今の自分を見つめる未来の自分を想定し、そのときには神のような視点で今の状況を描けるとの願望を抱く。

4. 『ハムレット』の改作

以上のような疑問への答えは、研究者たちによって説明されている可能性もあるが、わたしにとって興味深いのは、そうした疑問への回答でもあるかのような『ハムレット』の改作である。ジョイスが提起した疑問への回答と無縁ではない。ジョイスのシェイクピア論に影響を受けたと思われる数多くの作品や論考がある。年代順ではないが、いくつか挙げておきたい。

まず、ジョン・アプダイクの『ガートルードとクローディアス』（2000年）がある。ハムレット王子の年齢や母親の早急な結婚などの疑問をめぐり、それを探った興味深い小説だ。ハムレット王の亡霊は30年前の合戦の姿で登場するが、30年前と言えば、ハムレット王子が誕生したころのこと

だ。ハムレット王は 30 年前に隣国のノルウェーと戦っていた。その勇猛な
姿と対照的なのがクローディアスである。彼は戦場に出かけることなく、
城を守っていた。とすればガートルードと頻繁に顔を合わせ、二人が相愛
の関係になったかもしれず、その結実がハムレット王子であるかもしれな
い。そう読んだのがアプダイクだ。この読み取りはガートルードとクロー
ディアスの結婚の前編として、ジョイスのシェイクスピア論を支えている。

　次に、ヤン・コットの論集『シェイクスピアはわれらの同時代人』（1965
年）がある。『ハムレット』における血なまぐさい結末に関わる論集だ。ヤ
ン・コットは『ハムレット』という劇が現代の独裁政治や監視社会を照射
していると語っている。クローディアスの王権の簒奪はクーデターにも等
しい。またハムレット王子はいたるところで監視されている。たとえば、
内大臣ポローニアスは、自らが王妃を見張ると同時に、勉学のためにパリ
に送り出した息子さえも家臣に見張らせている。そればかりか娘オフィー
リアに対しても監視を怠らない。ハムレット王子がオフィーリアに向かっ
て、「尼寺へ行け」という言葉をつぶやく。その言葉を契機として彼女は狂
気に苛まれるが、オフィーリアが父親のあやつり人形であることに間違い
ない。オフィーリアの言葉の背景には父親の存在が揺曳している。

　またトム・ストッパードは、『ローゼンクランツとギルデンスターンは
死んだ』（1967 年）で、シェイクスピアの悲劇による脇役の死の意味を問
うた。ジョージ・スタイナーという研究者は『悲劇の死』という評論を書
き、第二次大戦後の世界ではもはや悲劇は書けないと述べた。ユダヤ人虐
殺という想像を絶する事件の後、もはや悲劇というジャンルは存在しない
ということだ。彼が挙げるのは、強制収容所に残されたロシア人の捕虜た
ちが、番犬の餌食となる情景である。その悲惨な状況を超えた悲劇はあり
えない。

　そうした考えを共有した劇作家がトム・ストッパードで、意味のない不
条理な人生を演出した。『ハムレット』という物語では、ハムレット王子の
優柔不断のために、多くの死者がでた。これはハムレット王子の復讐とい
う問題が引き起こした悲劇であるが、脇役にもかかわらず、ローゼンクラ
ンツとギルデンスターンも巻き添えにあう。彼らはハムレット王子をイギ
リスに連れてゆく役を果たそうとしただけなのに、ハムレット王子の奸計

により、イギリスで処刑されてしまう。そうした彼らの日常を綴ったのがトム・ストッパードだ。物語は二人の人物が宮廷へと向かうところから始まる。二人の人生には目的がない。物語では死ぬ運命に決定されており、その通りの運命しか受け入れられない。サミュエル・ベケットの『ゴドーを待ちながら』に近い。

　さらに、ライオネル・エイベルの論集『メタシアター』（1963年）を挙げたい。「世界は舞台、男も女もみな役者」という言葉は、わたしたちが世界という劇場で演技しているという意識を指す。そもそも「傍白」は役者と観客とをつなぎ、演技をしていることを示す手法だ。役者自らが演技していることを示すそうした手法を称して、メタシアターと呼ばれている。『ユリシーズ』でのスティーヴンのシェイクスピア論でも、自らが台本に書かれているという意識が前景化されている。ハムレット王子は復讐という台本に自らの役割が書き込まれていることを知り、そこからの脱出を思案しているはずで、それと同じくスティーヴンも自らの意識が時代に刻印されていることを知っている。それどころか彼は、聞き手たちを自らの台本に書き込もうとさえしている。

　このようにジョイスの『ユリシーズ』はギリシアの叙事詩『オデュッセイア』を枠組みとし、『ハムレット』を取り込みながら、大英帝国によるアイルランド簒奪への敵意を含め、作品の世界を広げた。そして『ユリシーズ』はその後の作家に影響を与えることになった。ジョイスはいまだ「影響の不安」を与え続ける存在である。本稿で対象とした『ハムレット』論を基礎とする、その後の作品や論考への影響にも明らかだろう。

参考文献

アプダイク, ジョン.『ガートルードとクローディアス』河合祥一郎訳. 東京：白水社, 2002年.

エイベル, L.『メタシアター』高橋康也・大橋洋一訳. 東京：朝日出版, 1980年.

コット, ヤン.『シェイクスピアはわれらの同時代人』蜂谷昭雄・喜志哲雄訳, 東京：白水社, 1968年.

シェイクスピア, ウィリアム.『ハムレット』松岡和子訳. 東京：ちくま文庫, 1996年.

ジョイス, ジェイムズ.『ユリシーズ』丸谷才一・永川玲二・高松雄一訳. 東京：集英社, 2003年.

スタイナー, ジョージ.『悲劇の死』喜志哲雄・蜂谷昭雄訳. 東京：ちくま文庫, 1995年.

ストッパード, トム.『ローゼンクランツとギルデンスターンは死んだ』小川絵梨子訳. 東京：早川演

劇文庫, 2017年.

ホメロス.『オデュッセイア』呉茂一訳. 東京：集英社, 1979年.

第 2 章
思想と歴史

時間の実在性と心の活動について
－アリストテレス時間論からの考察－

永井　龍男

1．はじめに

　哲学における最初の本格的な時間論は、古代ギリシアのアリストテレス(Aristoteles, 384-322 B.C.)によるものである。アリストテレスの時間論は『自然学』第4巻第10〜14章で展開され、現代の哲学的議論にも示唆を与える内容をもつ。『自然学』はアリストテレスによる自然哲学の原理論といった性格の著作であり、彼はその時間論を自然研究との密接な関連の中で論じているのである。この論考では、次の三つの問題について順に考察して行きたい。

　（A）アリストテレスによる時間の定義「より前とより後にもとづく運動変化の数」とは具体的に何を意味しているのか。特に彼が運動を或る種の「数」として規定したことの意味は何か。

　（B）アリストテレスは、その時間論の初めの箇所で、「時間は存在するものに属するのか、それとも存在しないものに属するのか」という問いを立てた上で、「時間は全く存在しないか、あるいはほとんど、かすかにしか存在しない」とする議論を紹介している。それによれば、過去はもはやあらず、未来は未だ無い、そして「今〔現在〕」は存在するにしても、それは瞬間であって時間的な幅をもたないから時間の部分とは言えず、多くの「今〔瞬間〕」を集めても時間を構成することはできない(217b32-218a8)、というのである。アリストテレスがこの問題にどのように対処しようとしたかは明らかではないが、後の論述から、彼が「時間は存在する」と考えていたことは確かである。彼が問題の議論を退け、時間の存在を肯定した論拠はどこにあったのか。

　（C）一方、第14章では、数えるものとしての心が存在不可能なら、数えられるものとしての時間も存在不可能なことが示唆されている。もし時間の存在が心の存在に依存するなら、それは時間の客観性や実在性に疑問

を投げかけはしないだろうか。時間の存在を主張しながら、時間は「数える」という心の活動に依存すると述べることは矛盾を招かないのだろうか。

2．時間の定義における「数」の意味

　アリストテレスによる時間の定義と呼ばれているのは、第11章の次の箇所である。

> なぜなら、時間とはこれ、すなわち「より前」と「より後」にもとづく運動変化の数であるから。……中略……時間はまさに「数えられるもの〔としての数〕」なのであって、「それによって数えるもの〔としての数〕ではない。(219b1-8)

アリストテレスはここで時間を、(a)「より前とより後にもとづく」、(b)「運動変化の」、(c)「数えられるものとしての」、(d)「数」として規定していることになる。これらの各部分について説明しよう。

　まず、(b)の「運動変化(kinesis)」についてであるが、アリストテレスの用語法において、これは「場所的移動」だけでなく、「性質変化」や「増大・減少」をも含むことばである。したがって、「性質変化の数」や「増大・減少の数」もこの定義の範囲内に含まれていることになる。

　次に、(a)の「より前とより後」が意味しているのは、時間的な前後関係ではないことに注意すべきである。もし時間的前後だとしたら、時間的概念によって時間そのものを定義するという循環定義に陥ってしまう。アリストテレスによれば「より前とより後」は三種の意味、すなわち「場所における前後」「運動における前後」「時間における前後」の意味をもつことができるが(219a14-21)、時間の定義におけるそれは「運動におけるより前とより後」である。具体的には、「順序に従って把握される運動変化の各局面」を意味する。それは運動変化における瞬間的局面と持続的局面の両方を指すことができる。それぞれの今〔瞬間〕によって運動変化の瞬間的局面が画定されることによって、その瞬間の前と後にある運動変化の持続的な局面が区切られることになる。

(c)の、時間は「それによって数えるものとしての数」ではなく「数えられるものとしての数」だという区別に関しては、前者を、「数える際の基準になるがそれ自体は他の対象には結び付けられないような抽象的数」、後者を、「他の対象に結びついてその対象の量的規定を示す数」と見なすことができる。とすれば、アリストテレスは、時間を「運動変化の量的規定を示すような数」として定義したことになる。

　最後の(d)「数」という規定こそ、理解するのが最も難しい部分である。この点に関し、例えば、イギリスの研究者 Julia Annas は、次のように解釈した。アリストテレスは、数が「一」を「単位」または「尺度」として「数えられ」「測られる」と考えたが、そうすることで、抽象的な数が独立して存在することを否定する反プラトン主義的立場を時間論にもあてはめ、時間が運動変化から独立して存在することを否定しようとしたのだ。しかし、この解釈には次のように反論できる。第一に、アリストテレスの時間論における反プラトン主義的側面は(d)「数」という規定よりも主として(c)「数えられるものとしての」という規定によって確保されているのであって、「数」という規定自体は両方の立場に対して中立的なものである。第二に、仮に「空間的な大きさは、数えられる（測られる）という意味で数である」と言ったとしても、それによって空間が独立して存在することを否定することはできないだろう。「空間的大きさは数えられなくても、或る種の連続量として存在する」と主張できるからである。だから、時間を「数」と規定することで時間の存在論的独立性を否定しようとするのであれば、その規定が「数であることを抜きにしては量として存在できない」ことを含意しているのでなければならないが、そのような含意は、この解釈からは導き出せない。

　むしろ、時間を数であると考える上で最も重要なのは以下の点であるように思われる。次の図において、A, B, Cは三つの物の移動を、Dは白から黒への色の変化を、Eは或る物の静止状態を表すが、これらはいずれも同時性を満たす運動変化だとする（ここで「同時性を満たす」とは、これらの運動変化の起点が同一の「今1」によって限られ、それらの終点も同一の「今2」によって限られることを意味することにする）。

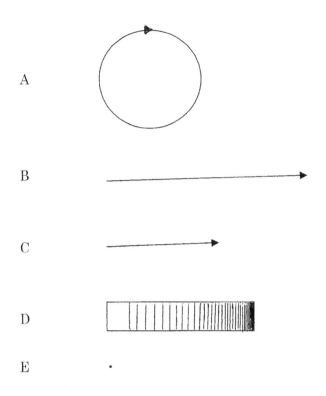

A

B

C

D

E

　Aは等速円運動であり、仮にそれが「今1」と「今2」の間に3回転したとすると、運動変化Aは3という数で表されることになる。ところで、この3は二重の意味で量を表しているように思える。一つは移動した距離の量であり、もう一つはこの運動変化の持続の量である。しかし、運動変化におけるこの二つの側面はまだここでは区別できない。3はAに含まれる移動距離と持続量の両方が溶け合ったものとしての運動変化の量を示しているからである。同様のことはDについても言える。もしDを量と見なしたとしても、その中には白から黒までの色の幅としての量と、性質変化の持続の量という二つの側面が含まれていることになる。われわれは運動変化におけるこの持続の量を、すなわちその時間的側面をどのようにして

他の側面から分離析出するのだろうか。次のように考えるべきである。それは、運動の量が数と見なされ、その数が同時性を満たす他の運動変化や静止に普遍的に適用されることによってである、と (cf. 223a29-b12)。Aの数3は、同時性を満たすB, C, D, Eの全てに普遍的に適用される。そして、そうされる際、3が初めにもっていた距離としての側面は脱落せざるを得ない。Aは円運動であるが、Bは直線運動であり、Dは性質変化である。またCの移動距離はBの半分であり、Eは全く運動変化していない。これら全てが同じ3という量をもつとしたら、そこで言う量とは距離や色の幅といった側面が捨象されてもなお残っている運動変化や静止の一側面でなければならない。そして、これこそ、運動変化や静止がどれだけ「持続」したかを示す量であり、時間なのである。さらに、もう一つここで注意すべきことは、3がA〜Eに共通の量とされることが可能なのは、それが数であるからだ、ということである。A（円運動）は、数として表示されることなしには、決してD（性質変化）やE（静止状態）と同一の量と見なされはしないのである。したがって、時間は数としての普遍性によってさまざまな運動変化と静止に共通の量であり得るのであり、そしてそれによって運動変化や距離から区別された独自の量であり得るのである。

　ここでもう一つ指摘しておきたいのは、量としての時間は直接的には知覚されず、むしろそれが数である限りにおいて把握される、という点である。もしアリストテレスが言うように、今が瞬間であって、時間的な幅をもたないとすれば、われわれはいかなる今においても時間を直接的に量として知覚できないはずである。では、われわれはいかにして時間を量として把握しているのか。アリストテレスは次のように説明する。われわれは別々の今〔瞬間〕における運動変化の各局面を相互に異なるものとして識別する。そして、二つの今の中間にそれらの今とは何か異なったものがあると判断する。このようにして前の今と後の今が区別され、それらとは異なった中間項〔運動の量〕が把握されるとき、われわれはこれを時間として理解するのである (219a22-30)。ここで注意すべきことは、われわれが最初に把握する中間項はむしろ空間的距離なのであるが、時間というものはそのような距離が捨象された時に初めて本来の意味を獲得する、ということである。空間的距離は、運動変化に媒介されることによって、その運動

変化の持続の量を暗示しているにすぎない。3という数は円周の3倍という知覚可能な空間的距離を基準として数えられたが、数であるために普遍的に他の運動変化や静止に適用され、それによって空間的距離とは全く別の持続の量となるのである。このように、時間そのものは直接的には知覚されないにもかかわらず、数である限りにおいて把握されることになる。

　以上をまとめてこう言えるように思う。確かに時間は特定の数値である必要はなく、時間のどの部分も尺度の選び方によって任意の数値をとることができるが、にもかかわらず、それは同時的な運動変化と静止に普遍的に適用される量だという意味で—これこそ「数」という規定の実質なのだ—数であらねばならず、その意味でいずれかの数でなければならない。空間的大きさの場合とは異なり、数であることは時間にとって本質的である。数であることを抜きにしては、時間は独自の量であることも、それとして把握されることもできないからである。

3．時間の存在と「時の流れ」

　さてここで、冒頭に紹介した議論、すなわち、＜過去はもはやあらず未来は未だ無く、また今は瞬間であって時間の部分ではないから、時間は存在しない＞という議論に対し、アリストテレスがどう対処しようとしたか、もしくはアリストテレスにとってどのような対処が可能だったかという問題を考えてみたい。この問題に関して有力な説の一つが Fred D. Miller 等が主張する、次のような立場である。それによると、アリストテレスは時間の存在否定論に対して答を与えなかったのであるが、しかし彼は過去や未来が存在するとはいかなる意味で言われるのかを明確にすることでこの難問に対処できたはずだ、というのである。そして Miller は、事象が「時間のうちにある」とはどういう事かを説明する第12章の議論を応用すればそれが可能だったと主張する。しかし、彼の主張に反して、アリストテレス自身はその難問に対して答を与えたと考えていたように思われる。実際、第13章の末尾では「時間が存在することが……既に述べられた」と語られているのである (222b27-29)。では、それはどこで述べられていたのだろうか。それは、第11章において「もし時間が存在しなければ今は存在せず、

もし今が存在しないなら時間は存在しない」ことが指摘されている箇所だと思われる(219b33-220a1)。この命題の前半「もし時間が存在しなければ今は存在しない」の対偶(contraposition)をとれば、「もし今が存在すれば時間も存在する」を得ることができ、先の命題はこれを含意していることになる。そして直前の箇所では「今が最も可知的である」とされ、また、今が存在することは時間の存在否定論の中でも暗黙のうちに認められていた。したがって、「今が存在すれば時間も存在し」かつ「今は存在している」のだから、「時間も存在する」ことが帰結する。これは6世紀のダマスキオスによって示唆され、イギリスのG.E.L. Owen によって主張された見解であるが、しかし多くの研究者に支持されているとは言い難い。その理由はおそらく次のようなものであろう。もしこれがアリストテレスの答だったとすると、それは例の議論がどの点で誤っているかを全く説明しないまま、時間と今が相互依存的だとするアリストテレス流の分析にもとづいて、時間が存在することを示しているにすぎない。つまり、問題の議論はまだ有効性を失っておらず、このままでは「時間は存在しかつ存在しない」というアンチノミー（二律背反）が成立してしまうのである。

　しかし、確かに時間の存在否定論の誤りは明確な形で述べられてはいないものの、その議論が誤った前提の上に立てられたものであることは、既に時間の定義によって間接的に示されていたと私は考える。例の議論には相互に関連した二つの隠された前提があるように思われる。その一つは、時間の存在を時間のうちにある事象の存在と同等に見ることであり、もう一つは、存在するとは今において現れることだとする考えである。「過去はもはやあらず、未来はいまだ無い」と主張する議論は、時間のうちにある事象が今において現れる限り存在するのと同じ語り方を、時間そのものにもあてはめているのだ。ところが、その前提の両方とも時間について成り立たないことは、時間の定義について述べたことから明らかである。第一に、時間は事物や出来事そのものではなくて、数えられるものとしての運動の数であり、個々の事象から区別された普遍的量である。第二に、時間はいずれの今においても直接的には知覚されないような量である。だから、時間は今において現れるという仕方で存在するわけではない。このように、アリストテレスによる時間の定義に従えば、あの議論は依って立つ

前提を失うのである、時間領域としての過去や未来は確かにあるのであって、過去や未来が「もはや無い」とか「未だ無い」と言われるとしたら、時間と時間の中の出来事とが混同されているのだ。

　次に、アリストテレスは時の流れということをどう考えたのか、という問題について述べておきたい。アリストテレスは時間の継起という事実を認めており、それは時間にとって本質的なことだと考えていたように見える。今とは過去と未来の限界(peras)ないし　境界(horos)であり、それぞれの時間は異なった今によって境界を画定されることで数えられる。だから、時間が数として数えられるためにはそれぞれの今が異なっていなければならないが、それは時間の継起ということを抜きにしてはあり得ないからである。しかし、アリストテレスはその事実を「時が流れる」とか「今が移動する」といった仕方で表現することを意識的に避けたように思われる。彼は、時間や今が「順次異なる (allo kai allo)」とは言うが決して「流れる」とか「移動する」とは言わないのである。彼がそうした理由は、時間や今が「流れる」という言い方そのものに矛盾が含まれているからだったに違いない。それは、例えば、時間そのものが文字通りの意味で「流れる」ためにはもう一つ別の時間を必要とすることからも見て取れよう。では、アリストテレスは時間の継起という事実を彼の理論の中にどのように位置づけたのか。おそらく、彼は次のように考えたのではなかろうか。時間が継起しているという事実は運動が生起しているという事実の一側面であり、前者（時間の継起）は後者（運動の生起）に基づいて理解されるべきものであって、それを時間論自体の中で説明する必要はないし、敢えてそうしようとすれば矛盾を招く、と。アリストテレスの立場では、運動は存在論的に時間より先である。つまり、時間が存在するから運動も可能になるというのではなく、運動が存在するからその持続の量としての時間も存在するのである。したがって、時間の継起というものは、運動の生起がその持続量の中に映し出された反映であって、それ自体として説明できるものではないことになる。他方、アリストテレスにとって運動の存在は事実として前提されるべきものであり、それを否定する議論を論駁することはできても、それを積極的に証明できるものではなかった。したがって、時間の継起もまた、事実として認める他ないような事柄だったのである。

4．心の活動と時間の実在性

　さて、ようやくここで、第14章で示唆される、＜もし数える者としての心が存在不可能なら[1]、数えられるものとしての時間も存在不可能だ＞という主張と時間の実在性との関係について論じることができる。初めに、心的活動と時間の存在をめぐるアリストテレスの議論を理解する上で、忘れてはならない二つの点に注意を向けることにしたい。

　まず、第一は、このアリストテレスの議論は「可能」「不可能」という様相を伴ったものであり、それを無視しては理解できないという点である。彼が想定しているのは、心が単に存在しない世界ではなくて、心が存在不可能な世界なのである。そしてそのような世界において時間、すなわち、数えられるものとしての運動変化の数が存在できるかどうかが問われているのである。したがって、このアリストテレスの議論に対応するのは、地下深く埋もれた木材について「それを見ることができるか否か」とか「それは燃やされることができるか否か」を問うような議論ではなく、むしろ「光または視覚が存在することの不可能な世界において木材は見られることが可能か」と問い、「酸素が存在することの不可能な世界において木材は燃やされることが可能か」と問うような議論なのである。アリストテレスはここで、単に過去または未来において心が存在しない場合を想定しているのではなく、およそ心というものが存在することの不可能な世界を想定しているのである。

　第二は、いま述べたことから解るように、そのような想定は徹頭徹尾、反事実的な想定だということである。この世界がそのような世界でないことは現に心をもったわれわれが存在していることによって明らかであり、事実を問題にする限りそのような想定をする余地は全く無いのである。ではアリストテレスは何のためにこの問いを問うたのだろうか。時間が存在論的にどのような位置を占めるかをより明確にするためだったに違いない。

　これまでのアリストテレスの議論からすれば、時間が独自の量として存

1　岩波新版『アリストテレス全集』では、この条件節における「不可能 (adynatou)」(223a22) の一語が訳出されていない。

在できるか否かは、運動変化が数えられる可能性、すなわち、運動変化の或る量が限定されそれが他の運動変化や静止に普遍的に適用される可能性にかかっていることになる。そして数えるものとしての心が存在することの不可能な世界では、何かが数えられる可能性も無いように思われる。これは、時間の存在不可能性を意味する。そして、そのような世界では、個別的な運動変化は存在するが、それらを測る共通の尺度としての時間は存在しない。時間という尺度は、数えることによって作られるからである。

5．おわりに

　アリストテレスにとって、時間の存在は世界と心の両方に依存するのであって、それは近代的な実在論対観念論の枠組みでは捉えきれないものなのである。そして、もし人が「時間の存在しない世界など想像することさえできない」と言って抗議するとしたら、アリストテレス的立場から次のように答えることができるように思う。「確かに、時間という尺度を抜きにしては世界を正確に記述することは不可能であり、そのような世界を想像することさえ困難だろう。しかし、われわれによって記述されなくても世界は存在できるのだ。」われわれの世界記述には時間が不可欠だという事実は、時間の存在が純粋に心的なものであることも、完全に客観的なものであることも意味しないのである。

参考文献

J. Annas, 'Aristotle, Number and Time', *Philosophical Quarterly* 25 (1975), pp.97-113.

F.D. Miller, 'Aristotle on Reality of Time', *Archiv für Geschichte der Philosophie* 56 (1974), pp.132-155.

G.E.L. Owen, 'Aristotle on Time', in *Logic, Science and Dialectic*, London, 1986, pp.295-314.

この分野を学ぶための基礎文献

アリストテレス『自然学』（新版『アリストテレス全集』4），内山勝利訳，岩波書店，2017.

滝浦静雄『時間−その哲学的考察−』，岩波書店，1976.

篠澤和久『アリストテレスの時間論』，東北大学出版会，2017.

カルロ・ロヴェッリ『時間は存在しない』冨永星訳，NHK出版，2019.

聖者と政治
―中央アジア東部の近世史―

澤田　稔

はじめに

　ユーラシア大陸の内奥に広がる地域は古来より草原の遊牧民とオアシス
の定住民によって歴史が紡がれてきた。とりわけ13〜14世紀のモンゴル帝
国はその前後の歴史の流れを画する分水嶺となっており、後世に強い影響
をおよぼした。本稿では、中央アジア東部、すなわち現在の中国・新疆ウ
イグル自治区にほぼ相当する地域において、モンゴル帝国の伝統や遺産が
どのように受け継がれていったのかを見ていきたい。

　その際に注目したいことは、チンギス・ハーンの子孫である君主（ハー
ン）とイスラーム宗教指導者の果たした役割である。モンゴル帝国期に移
住してきたモンゴル系の君主をはじめ遊牧民は、中央アジアで信仰されて
いたイスラームを受容し、大多数の住民の話すトルコ（テュルク）系言語
を使うようになっていった。そのような状況のなかでモンゴル帝国の伝統
や遺産が、中央アジアで根付いていたトルコ・イスラーム文化といかに共
存したのか、あるいは対立したのかという問題が浮かび上がってくる。

　そのような問題関心にもとづき、イスラーム聖者の宗教貴族であるカシュ
ガル・ホージャ家が、中央アジア東部においてモンゴル帝国を継承する国
家の君主との懸け橋となり、さらに政治的な役割をも果たしていったこと
を考察したい。

1. 地域と時代

　まず、本稿で扱う地域と時代について整理しておきたい。ここでいう中
央アジアとは、現在のウズベキスタン、カザフスタン、キルギスタン（ク
ルグズスタン）、タジキスタン、トルクメニスタンの5共和国と中国・新疆
ウイグル自治区からなる地域をおおまかに指している。中央アジアは北部

66

の草原地帯と南部のオアシス定住地域に大別されるが、さらに歴史の叙述において後者はパミールを境に、東トルキスタンと西トルキスタンとに分けられるのが通例である。

ユーラシア大陸各地でモンゴル帝国が14世紀なかばに解体し始めるなか、中央アジア東部ではチンギス・ハーンの次男チャガタイの子孫がチャガタイ・ハーン国を引き継いで、モグール・ウルス（ウルスとは国の意味）と称される遊牧国家を形成していった。当初モグール・ウルスは天山山脈北方の草原地帯を本拠地としていたが、16世紀に入ると、新興の遊牧民であるカザフ族、キルギス（クルグズ）族に草原地帯を奪われ、天山山脈南方のタリム盆地方面、東トルキスタンに拠点を移さざるを得なくなった。チャガタイの子孫を君主とするモグール族の遊牧国家は、オアシス定住地域において変質を迫られることとなるのであるが、その歴史は17世紀末まで続く。

ここで、佐口透氏が提唱した「モンゴル帝国の継承国家」という概念について見ておきたい。同氏によれば、モンゴル帝国の崩壊後、帝国の諸王家・領侯とモンゴル遊牧民集団は新たな民族形成を伴いながらモンゴル帝国の継承国家として発展し、近代内陸アジア諸民族の起源になったと見なさるべきだという。そして、それらの民族の政治的支配者となり得た者は原則として、すべてチンギス・ハン（ハーン）家の後裔であって、ハン（ハーン）の称号をとった。なお、このチンギス・ハーンの子孫（男系の血統）のみがハーンを称することができるという通念は、その後の研究者たちにより「チンギス統原理」（Chinggisid Principle）と表現され重視されている。

中央アジアにおいて「チンギス統原理」に従った国家として、本稿が対象とするモグール・ウルスのほかに、ウズベク族のブハラ・ハーン国やヒヴァ・ハーン国、先述のカザフ族のカザフ・ハーン国などを挙げることができる。

2．カシュガル・ホージャ家

カシュガル・ホージャ家と称される宗教貴族の成員は、中央アジア東部の

オアシス地域（東トルキスタン）に拠点を移したモグール・ウルスのハーン家（王家）と宗教上のみならず政治的な関係をもった。カシュガル・ホージャ家の始祖はスーフィズム（イスラーム神秘主義）のナクシュバンディー教団の教えを受け継いだ指導者であり、後述するようにその子孫が16世紀後半以降に西トルキスタンから東トルキスタン西部に進出して定着し、カシュガル・ホージャ家を形成した。

　すでに12世紀以降イスラーム世界の各地でさまざまなスーフィズムの教団（タリーカ）が形成されていた。中央アジア西部では、ナクシュバンディー教団が12世紀末ころオアシス都市ブハラ近郊で発祥して以降、西トルキスタンを中心にその勢力を拡大していく。その指導者はホージャの敬称やホージャムの愛称（「我がホージャ」の意）を冠せられ、すぐれた能力をもつホージャは聖者（ワリー、「神の友」）として尊崇の対象となった。カシュガル・ホージャ家の指導者もその例外ではなかった。

　　カシュガル・ホージャ家の主要な人物を系図で示し、そのなかでも代表的な人物を取り上げよう。

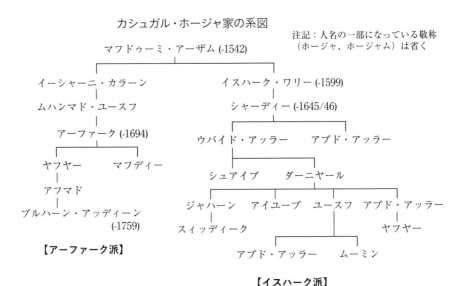

カシュガル・ホージャ家の系図

注記：人名の一部になっている敬称
　　　（ホージャ、ホージャム）は省く

　始祖のマフドゥーミ・アーザム（1461/62～1542年）は「偉大な師匠」という意味の尊称であり、本名はアフマド・カーサーニーといい、フェルガナ盆地のカーサーンという町の出身である。彼は西トルキスタンのサマルカンド近郊を拠点とするナクシュバンディー教団の指導者となり、教団きっての理論家として教団の政治的活動の重要性を強調したことで知られる。

　マフドゥーミ・アーザムは4人の正妻から13男12女の子供をもうけたと伝えられる。最初の正妻の長男はイーシャーニ・カラーン（「大猊下」）の称号で知られ、その子孫がアーファーク派またはイシャーニーヤ派という党派を結成することになる（後述）。3番目の正妻の長男はホージャ・イスハーク・ワリー（1599年没）といい、その子孫はイスハーク派という党派を形成することになる（後述）。アーファーク派とイスハーク派はその宗教活動やモグール・ウルスの王家との結びつきにおいて激しく対立することになるが、その淵源は教団の指導権をめぐるイーシャーニ・カラーン、ホージャ・イスハーク・ワリー異母兄弟の対立にあったと考えられる。

　東トルキスタンに初めて教団の教えを伝えたのは、ホージャ・イスハーク・ワリーであった。彼は16世紀後半モグール・ウルスのハーンの招きによりタリム盆地西端のカシュガルを訪問し、同盆地のヤルカンド、カシュガル、アクスに12年滞在して布教、その後サマルカンドに帰り死去した。カシュガル・ホージャ家の伝記『タズキラ・イ・ホージャガーン』（『ホージャたちの伝記』の意）が伝える彼の奇跡の話を紹介しよう。
（その1）
　　〔アフガニスタン北部バルフの王、ピール・ムハンマド・ハーンは〕全く取り乱し、死んだ子〔王の5歳の息子〕を抱きかかえ出て、猊下の足もとに置いた。「猊下様には至高なる神への親近さがある。〔猊下が〕祈願するならば、おそらく〔神は〕この子に生命を下賜するだろう」と言った。ホージャ・イスハーク・ワリー猊下は真心をもって祈願した。すなわち、「神よ、おお、困窮した者たちを助ける者よ、この哀れな者に恥をかかせるな」と言って、至高の神が祈願に応じるほどに号泣した。スルターン〔王子〕はくしゃみをして起きあがった。バルフの城市に、ホージャ・イスハーク猊下は死者を生き返らせている

そうだ、というほどの評判がたった。(澤田稔「『タズキラ・イ・ホージャガーン』日本語訳注(1)」73頁)

(その2)

　　ホージャ・イスハーク・ワリーを〔モグール・ウルスの〕アブド・アルカリーム・ハーンが招いて、カシュガルに連れてきた。数日後、ハーンは猊下にあまり好意をもたなくなった。それで猊下はカザークの地方に行った。そこで霊感奇蹟を起こして、多くの人々がイスラームに高められる栄誉に浴した。彼の祈願で死者は魂をみいだし、病人は治癒し、泉が流れだし、驚くべき不思議なことが起こり、十八の偶像寺院が壊れた。十八万のカーフィル(不信仰者)がムスリムとなった。(澤田稔「『タズキラ・イ・ホージャガーン』日本語訳注(1)」76頁)

　ホージャ・イスハーク・ワリーは上述のように西トルキスタンのサマルカンドに帰還し、そこで亡くなり埋葬された。サマルカンド郊外に彼のものとされる墓が現存する。聖者の墓が信徒の活動の拠点や参詣地(マザール)となることが多いことから考えると、ホージャ・イスハーク・ワリーの東トルキスタンとの関わりは一時的なものであったのかもしれない。

　いずれにしても東トルキスタンでは、息子のホージャ・シャーディーが父ホージャ・イスハーク・ワリーのあとを継ぎ、モグール・ウルスのハーンとの協調のもとヤルカンドを拠点に布教を続け、さらにその活動は子孫に受け継がれていき、イスハーク派が形成されていく。ホージャ・シャーディーのモグールのハーンとの協力関係の事例として、ハーンの即位を支援(第5代ハーンのシュジャー・アッディーン・アフマド、第10代ハーンのアブド・アッラー)、ハーン家内の争いを仲裁(トゥルファンのアブド・アッラヒームと第6代ハーンのアブド・アッラティーフ)、ハーンの軍事遠征に参加(第6代ハーンと第10代ハーン)を挙げることができる。

　さらに、ホージャ・シャーディーとモグール・ハーン家との宗教的な結びつきがその墓地を通じてできあがるのである。彼の埋葬の模様がつぎのように伝えられている。

　　さて、運命の手はホージャ・シャーディーの襟をつかみ、＜だれでもみな死を味わう＞〔『クルアーン』21-35〕〔というように、ホー

　ジャ・シャーディーは死の杯を〕一杯また一杯と飲んだ。＜「我々は
　神のもの。我々は神のみもとに帰る」と言われている＞〔『クルアー
　ン』2-156〕。ヤルカンドの中で苦難の服喪が新たに生じたようだ。アブ
　ド・アッラー・ハーンを先頭として国のすべての人々が哀悼して、ア
　ルトゥン内に埋葬した。（澤田稔「『タズキラ・イ・ホージャガーン』
　日本語訳注（1）」83〜84頁）

　ここでホージャ・シャーディーの埋葬地として示されているアルトゥンと
は、16世紀以降モグールのハーンたちが埋葬されていた、ヤルカンド市内
のアルトゥン・マザール（「黄金の墓地」の意）のことである。ホージャ・
シャーディー以後も、イスハーク派のホージャたちはこの墓地に埋葬され
た。モグール・ハーン家の墓所とイスハーク派の墓所が同一の場所になっ
たのである。双方の宗教的な融合を明示していると言えよう。
　ホージャ・シャーディーが活動していた頃に、マフドゥーミ・アーザム
の長男イーシャーニ・カラーンの子であるホージャ・ムハンマド・ユース
フが息子のホージャ・アーファークを伴いカシュガルに移住した。父子は
それ以前に中国本土の粛州や西寧で布教していたようである。ホージャ・
ムハンマド・ユースフは17世紀中ごろイスハーク派との対立のさなかに毒
殺されたとも伝えられ、カシュガル市郊外のヤグドゥという所に埋葬され
た。その後ヤグドゥには、彼の子孫が埋葬されて墓廟が形成されていき、
礼拝所を含めその建造物の偉容を今日に残している。
　父のあとを継いだホージャ・アーファークは、モグール・ハーン家内の政
争に巻き込まれ、モグール・ウルスのイスマーイール・ハーン（在位1670-
80）によってカシュガルから追放される。その頃、天山山脈北方の草原地帯
においてモンゴル系のジュンガル王国が一大勢力となっていた。カシュガ
ルから追放されたホージャ・アーファークはその王国に助けを求めたので
ある。1680年、ジュンガル王国の英主ガルダンの軍がカシュガル、ヤルカ
ンドを攻略してアーファークを王座に就け、イスマーイール・ハーンを天
山山脈北方のイリに連行した。このジュンガル王国による東トルキスタン
征服によりモグール・ウルスは崩壊し滅亡への道をたどる。
　ホージャ・アーファークはジュンガル王国の宗主権のもと統治を開始す
るが、アーファーク派内の紛争もあり、政情は安定しなかった。そして、

アーファーク派とイスハーク派の対立が激化した結果、1713年にカシュガル・ホージャ家の主要人物がイリ河方面でジュンガル王国に拘留される事態となった。

　その結果、ジュンガル王国は東トルキスタンのムスリム住民を統治するために代官を派遣して統治にあたらせるが、成功しない。結局、ホージャ・イスハーク・ワリーの曾孫ホージャ・ダーニヤールがイリでの7年間の幽閉から解放され、ヤルカンド、ホタン、アクスの統治権を認められた。以後、貢納とひきかえにイスハーク派のホージャたちが東トルキスタンのオアシス地帯の統治にあたることになり、1755年にジュンガル王国が清朝によって滅ぼされるまでイスハーク派による統治が続いた。

　しかしながら、ジュンガル王国が清軍に征服されるなかで捕囚を脱して清軍の援助を得たアーファーク派がイスハーク派を打倒するという事態にいたるも、政治的独立を求めたアーファーク派は1759年に清軍の討伐をうけ、残党が西トルキスタンへ亡命することとなった。ここにカシュガル・ホージャ家による東トルキスタン統治は幕を閉じ、清朝による支配が始まるのである。

3. ハーンとホージャの即位儀礼の酷似

　カシュガル・ホージャ家は、1680年に実質上滅亡したモグール・ウルスに替わりジュンガル王国の宗主権下において東トルキスタンのオアシス住民を統治した。イスラーム神秘主義者の宗教指導者が政治指導者ともなったのである。これは、モンゴル帝国の継承国家のかなめであったチンギス裔の権威と矛盾しなかったのであろうか。遊牧国家の伝統とイスラーム社会の価値観はどのような関係をもっていたのか。この問題は多面的な考察が必要であるが、ここでは、遊牧君主の即位儀礼がカシュガル・ホージャ家にも受け継がれていることを示したい。

　遊牧国家における君主の即位儀礼については、6～8世紀にモンゴル高原から中央アジアにかけて領域を誇った突厥帝国の事例がよく知られている。『周書』「突厥伝」に次の記述がある。

　　　その主長が即位するときには、近侍重臣らが、かれをフェルトでかつ

ぎ、太陽のまわる方向に九回まわし、毎回、臣下のぜんぶがおがみ、おがみ終わると、かいぞえして馬に乗せ、絹の小ぎれで気絶寸前まで首をしめる。そしてゆるめて即座に、「おまえは幾年可汗になっておれるか？」と問う。かれは、もはや意識が乱れていて、年数を明確に考えることなどできない。臣下らは、かれの口ばしり答えるところを聞いて、その在位年数をためそうとするのである。（『騎馬民族史2』33頁、山田信夫訳）

　この記述のなかで注目したいのは、君主をフェルトに乗せて担ぎあげるということである。同様の儀礼がチンギス・ハーンとその後継者の場合にも見られる。小アルメニア王家の一員であったハイトンが1307年に口述筆記させて出来上がった『東方史の華』という史料に次の記述がある。

　　そのあとタルタル人〔モンゴル人〕は、皆の真ん中に椅子を置き、地面に黒のフェルトをしいてその上にカンギス〔チンギス〕を座らせた。そして七つの国の首長たちは彼をフェルトごと持ち上げて椅子の上に載せ、彼をカンと呼んだ。・・・〔中略〕・・・彼らが君主を選ぶに際しては、私はタルタル人の皇帝の選挙に二度立ち会い、全タルタル人が大テントに集まっているところを親しく見たのであるが、君主となる者を黒のフェルトの上に座らせ、自分たちの真ん中に豪華な椅子を置く。そして、高位の者とカンギス・カンの家系の者が来て彼を高く持ち上げ、椅子の上に座らせ、自分たちの敬愛する生来の君主としてあらゆる尊敬と名誉を捧げるのである。彼らは、征服した支配によっても富によっても、この最初の慣わしを変えることを望まなかった。（高田英樹『原典　中世ヨーロッパ東方記』488〜489頁、〔　〕内は澤田の補足）

　15世紀後半のモグール・ウルスの君主ユーヌス・ハーンの即位について、彼の娘の子でムガル帝国を創始したバーブルは次のように簡潔に記述している。

　　ユーヌスはその娘〔サグリチ部の有力者の娘〕のイセン・ダウラト・ベギムを娶った。モグールの慣例に従って、人々はハーンとイセン・ダウラト・ベギムを1枚の白いフェルトの上に坐らせて、ハーンに擁立した。（間野英二『バーブル・ナーマの研究Ⅲ　訳注』28頁、〔　〕内は

澤田の補足）

　チンギス・ハーンとその後継者の即位儀礼についてのハイトンが述べる「黒のフェルト」とバーブルの記す「白いフェルト」の違いは認められるものの、骨子は同じである。また、バーブルが「モグールの慣例に従って」と言うようにモグール、すなわちモンゴルの君主の即位儀礼の伝統が脈々と受け継がれてきたことが窺われる。

　最後に、カシュガル・ホージャ家の事例を挙げよう。東トルキスタン全体の統治者ではないが、カシュガルの王座に就いたイスハーク派のホージャ・アブド・アッラー（ダーニヤールの孫）の即位について次のように伝えられている。

　　　ホージャ・アブド・アッラー・ホージャム猊下を絨毯に坐らせ、〔絨毯の〕一端を〔いとこの〕ホージャ・ヤフヤーが、一端を〔親戚の〕ナスル・アッラー・ホージャムが、一端を〔カシュガルの〕ハーキム〔都市長官〕フシュ・キフェク・ベグが、一端を〔カシュガルの〕当代のアーラム〔最上位の学者〕アーホン・ムッラー・マフムードが持って、祝賀しながら統治の王座に据え、彼ら自身〔そこにいた人々〕は玄関口に入り祝賀した。（澤田稔「『タズキラ・イ・ホージャガーン』日本語訳注（5）」43頁）

　ここでは、フェルトではなく絨毯に坐らされているけれども、カシュガル・ホージャ家成員の2人のみならず、都市長官と宗教学者の2人もその敷物を担ぎあげていることから、新たな統治者の支持基盤を見てとることができる。以上のようにチンギス・ハーン以来モンゴル、モグールの遊牧君主の即位に際して挙行されてきた儀式は、オアシス地帯を統治したイスラーム宗教貴族のホージャ家によっても受け継がれたのである。

おわりに

　16世紀初頭に天山山脈北方の草原地域を失って南方のオアシス地域に政権の活路を見出したモグールのハーン家は、そこのイスラーム教徒住民の統治にあたり宗教指導者の協力を必要とした。イスラーム宗教貴族のカシュガル・ホージャ家は、17世紀末からモグールのハーン家に替って東トルキ

スタンのオアシス地域住民を統治することになったが、その政権はモンゴル継承国家の伝統に矛盾する面は少なかったように思われる。それはハーン家とホージャ家による埋葬地の共有や即位儀礼の類似性からうかがえるが、遊牧文化とイスラームとの融合あるいは混淆による新たな文化形成の進行が背景にあったのではないだろうか。

参考文献

・佐口透「モンゴル帝国の継承国家について」『月刊シルクロード』第5巻第8号（昭和54年10月号）、東京：（株）シルクロード、1979年、14〜19頁
・佐口透、山田信夫、護雅夫（訳注）『騎馬民族史2 正史北狄伝』東京：平凡社（東洋文庫）、1972年
・澤田稔「ホージャ家イスハーク派の形成──17世紀前半のタリム盆地西辺を中心に──」『西南アジア研究』第45号、1996年、39〜61頁
・澤田稔「『タズキラ・イ・ホージャガーン』日本語訳注（1）」『富山大学人文学部紀要』第61号、2014年、59〜86頁
・澤田稔「『タズキラ・イ・ホージャガーン』日本語訳注（5）」『富山大学人文学部紀要』第65号、2016年、21〜44頁
・高田英樹（編訳）『原典中世ヨーロッパ東方記』名古屋：名古屋大学出版会、2019年
・濱田正美「モグール・ウスルから新疆へ─東トルキスタンと明清王朝─」『岩波講座世界歴史13 東アジア・東南アジア伝統社会の形成』東京：岩波書店、1998年、97〜119頁
・間野英二『バーブル・ナーマの研究III 訳注』京都：松香堂、1998年
・間野英二（訳注）『バーブル・ナーマ1──ムガル帝国創設者の回想録』東京：平凡社（東洋文庫）、2014年
・Ron Sera, *Ritual and Authority in Central Asia: The Khan's Inauguration Ceremony*, Bloomington: Indiana University, Research Institute for Inner Asian Studies, 2003

この分野を学ぶための基礎文献

・羽田明ほか『世界の歴史10 西域』東京：河出書房新社、1969年（河出文庫、1989年）
・間野英二『新書東洋史8 中央アジアの歴史』東京：講談社（講談社現代新書）、1977年
・山田信夫『ビジュアル版 世界の歴史10 草原とオアシス』東京：講談社、1985年
・小松久男（編）『新版 世界各国史4 中央ユーラシア史』東京：山川出版社、2000年
・小松久男ほか（編）『中央ユーラシアを知る事典』東京：平凡社、2005年

スウェーデン兵の従軍記録にみる
大北方戦争（1700 〜 21年）
－ 捕虜の活動を中心に －

入江幸二

1．はじめに

　現代では高度な福祉国家として知られるスウェーデンだが、三十年戦争
（1618〜48年）に参戦して以来、軍事大国としてヨーロッパで覇を唱えた。
世紀後半にはいわゆる絶対王政を確立、カール12世（位1697〜1718年）の
ときに北方ヨーロッパにおける覇権をめぐってロシアなどと戦った。この
大北方戦争（1700〜21年）にスウェーデンは敗れ、ロシアは大国化への一
歩を踏み出した。

　本稿の目的は、大北方戦争に参戦したスウェーデン軍人・聖職者が残し
た記録から戦争の一局面を描くことにある。近世ヨーロッパは恒常的に戦
争が行われており、近年の研究では戦争や軍隊を特殊な状態・存在とはみ
なさず、社会の一要素として客観的に分析する動きが強まっている[1]。本稿
もその流れに棹差しつつ、これまでほとんど検討されることのなかった戦
争捕虜の問題にとくに注目したい。

　そもそも人口のどれくらいが兵士・捕虜となったのだろうか。J・リン
デグレンによれば、近世のフランス・スペイン・ロシアは人口の0.5〜2.5％
が、スウェーデンは人口の1.5〜3.5％が兵士だったとされる。おおむね40人
から100人に1人が兵士だったとみてよい[2]。またP・H・ウィルソンの試算に
よれば、敗北した側の軍で失われた兵士のうち、捕虜になった者はおおむ
ね10〜20％であったとされる（1618〜1746年）。兵士になった以上、捕虜と
なってしまうことは決して珍しいことではなかった。

　では戦争捕虜は、一般的にどのような扱いを受けていたのであろうか。

1　たとえば、阪口修平・丸畠宏太編著『軍隊』ミネルヴァ書房、2009 年。
2　Philippe Contamine, ed., *War and Competition between States*, Oxford, 2000, p.137.

山内進による研究によれば、16世紀までは殺害あるいは奴隷にされた。中世ヨーロッパではとくに身代金を目当てに捕虜にされることもあった。17世紀に入ると当事国間で捕虜交換条約が定められるようになったが、捕虜を人道的に扱うべきことが定められたのはようやく1899年になってからである（ハーグ陸戦条約）。

　大北方戦争期のスウェーデンに関しては、捕虜となったのは総数23,000人（女性・子供を含む）、そのうち5,000人弱が帰国したとされている。捕虜になったのが農民の場合、農奴として40ルーブルほどで売却された。兵士の場合はロシアからわずかな日を支給されたものの、基本的には収容先での労働やスウェーデンからの送金によって生計をたてる必要があった。多くは建設作業や市壁の修築といった労働に従事していたと考えられるが、ロシア軍に編入された者などもいた。

　一例として、西シベリアの都市トボリスク（人口13,000人）の事例を簡単に紹介しておく。ここには士官クラスの者800人以上が捕虜として連行され、シベリア総督マトヴェイ・ガガーリンのもと、大工や種々の職人、外科医、薬屋などの仕事についた。ロシアによるシベリア探検に随行して地図を作製した者がいたり、シベリア初の学校を作った者もいる[3]。

　総じて、前近代ヨーロッパにおける捕虜については研究が乏しい。しかし大北方戦争期の捕虜に関する研究は、スウェーデンで一定の蓄積がある。従軍した兵士たちの記した行軍日誌が、終戦後にロシア情勢を分析するため集められため、現代にいたるまで基本史料としてよく保存されてきたからである[4]。捕虜生活の実態、ネーション意識やロシアに対する認識などが検討されてきたほか、文化交流の観点にもとづくロシアとの共同研究も行われている[5]。本稿でもそうした点に留意しながら、いくつかの記録を検討

3　Olle Larsson, *Stormaktens sista krig*, Lund, 2009; Alf Åberg, *Fångars elände*, Lund, 1991. きわめて特殊な例として、エカチェリーナ1世がいる。彼女はスウェーデン軍兵士の妻であったが捕虜となり、のちピョートル大帝の皇后、そして1725年にロシアの女帝となった。
4　主な記録は12冊の叢書として20世紀初頭に出版された。現在はインターネット上で閲覧・語句検索が可能となっている。
　https://litteraturbanken.se/författare/QuennerstedtA（2019年12月2日閲覧）
5　Lena Jonson och Tamara Torstendahl Salytjeva, red., *Poltava : Krigsfångar och kulturutbyte*, Stockholm, 2009.

する。

2．捕虜になる

　21年間に及んだ戦争のうち、ポルタヴァの戦い（1709年）では14,000人もの捕虜がロシアに捕えられた。以下では4人の記録を素材として、捕虜となった彼らの命運を整理したい。

　取り上げた4人のうち軍内部での階級が一番低かったのが、農民出身のエーリック・ラーション・スメープスト兵長（ダール連隊）である。彼は次のように記している[6]。

　　　6月31日、国王陛下は軍を離れ、トルコ〔オスマン帝国〕へ逃げねばならなかった。しかし戦闘後に残っていた軍は、ロシアの捕虜となる協定を結ばなければならなかった。〔……〕
　　　8月22日、分散してそれぞれ村（sloboda）に宿泊した。捕虜の多くは飢えて死にそうだったにもかかわらず、9月23日までは捕虜協定が結ばれなかったので、我々は市壁で働き始めねばならなかった。

　ヨアキム・リュート中尉（スコーネ竜騎兵連隊）は市民身分の出身で、その記述からはすみやかに武装解除させられたことが分かる[7]。

　　　7月1日〔……〕かくしてドニエプル川のこちら側の全スウェーデン兵は、士官も一般兵も捕虜になることになった。用心のため、士官は自分の装備－敵がもはや駄目にしていたが－と、ライフル・ピストル・サーベルを持つことが許された。一般兵はすぐに武装解除させられた。

　フリードリヒ・クリストフ・フォン・ヴァイエ中尉（レーヴェンハウプ

---

6 August W. Quennersedt, red., *Karolinska krigares dagböcker jämte andra samtida skrifter*, III, Lund, 1907, s.117-181.

6　August W. Quennersedt, red., *Karolinska krigares dagböcker jämte andra samtida skrifter*, III, Lund, 1907, s.117-181.
7　Joachim Lyth, *Joachim Mathiae Lyths dagbok*, Stockholm, 1986.

ト連隊）は、捕虜協定の具体的な内容を書き残している[8]。

　7月1日〔……〕両軍は以下の協定を結んだ。
　1．将軍レーヴェンハウプト伯爵の麾下にいたスウェーデン軍は、
　　　将軍・士官・一般兵であれ、戦争捕虜として偉大なるツァーリ陛
　　　下に身を委ねる。
　2．一般の兵士・竜騎兵・マスケット銃兵らは、階級章に線を引い
　　　て消すか外すかし、身代金が払われるか捕虜交換が行われるまで
　　　は制服を着たままとする。また彼らが持ち合わせているものは、
　　　銃と弾薬を除きそのままとする。軍馬は、士官のものを除き、
　　　ツァーリ陛下に引き渡される。
　3．将軍と士官は、各自の軍用行李・装備・小姓を持ったままでよ
　　　く、ツァーリ陛下とスウェーデン国王陛下の間で将来和平が結ば
　　　れたときには、身代金と代償なしに釈放される。その間は誠実に
　　　扱われ、所定の合言葉で一定時間お互いのもとを訪れることを許
　　　可する。
　4．〔大砲・軍旗をロシア軍に引き渡す〕
　5．〔コサックや他の反乱者をロシア軍に引き渡す〕
　　　　　　　　　　　　　　　　　アレクサンドル・メーンシコフ

　アンドレアス・ヴェステルマン従軍牧師（近衛部隊）の記録からは、キ
エフに移動してからの部分を紹介しておこう[9]。

　〔8月、キエフに移動〕しかしここで我々は落ち着いた状態が長くは
ないことを悟った。というのもその時我々は、逃亡とか許可を得ない
手紙のやり取りをしないよう誓約書を書かされたのである。かくして
上述の〔メーンシコフ〕公は我々をしっかりと監視し、当分のあいだ
監禁されたままにされるのだろうと考えるに至った。最後に、公の指

8　Ernst Carlson, utg., *Historiska handlingar*, XIX-1, Stockholm, 1902, s.1-132.
9　Quennerstedt, red., *Karolinska krigares dagböcker*, VII, Lund, 1912, s.257-311.

示で我々の軍馬の大半をわずかな金銭で売却した。

　捕虜になるにあたって、現地の将軍クラスの間で協定が結ばれたこと、士官と一般兵の間で待遇に差があったことが見てとれる。後述するように、捕虜に割り振られる仕事の内容も軍隊内の階級によって違った可能性が高い。

　この後、戦勝パレードに参加させられるため捕虜たちはモスクワまで移動した。そのための費用は基本的に自費だったと思われる。ヴェステルマンたちが軍馬を売却して得た金銭もおそらくそのように使われたのだろう。

３．捕虜生活

　捕虜となってからの日常は、当然ながら楽なものではなかった。

　スメープストははじめモスクワ、のちペテルブルクで市壁の修復など土木・建設作業に従事した。捕虜協定によれば1.5コペイカの日当を支給されることになっていた。しかし「〔1710年〕3月6日から6月15日まで、ロシアからは一文ももらわなかった」と記し、1712年9月にペテルブルク近くのペテルゴフに移送された後の「21日日曜、我々は溶鉱炉の建設を始めた。22日月曜、一般兵も兵長も下士官もみな、ひどく空腹なまま働き始めた」とあるように、協定とはかけ離れた実態だった。とはいえ、時には幸運に見舞われることもあった。

　　　〔1712年〕9月24日、お大尽（en stor bojar）がペテルブルクから来て、ありがたいことに295人に5ルーブルを恵んでくれた。同日、借地農が2トゥンナ〔約293リットル〕のライ麦を捕虜に恵んでくれた。

　リュートの場合、モスクワから北方のソリヴィチェゴドスク（アルハンゲリスクの南東約600km）を経由して西シベリアのトボリスクに送られたが、途中の記録が失われているため詳細は不明である。そして1715年5月、ソリカムスク市長から「息子にラテン語とドイツ語を教える」という仕事を引き受けた。しかし勉強を嫌った息子が食事に毒を混ぜたため1年ものあ

いだ床に臥せることになり、その後リュートは木こりや建設作業などの仕事ばかりを行っている。

　同じ中尉でも、ヴァイエの場合は捕虜集団の資金を工面する仕事を引き受けていたようである。

　　〔1710年1月、モスクワから〕920ベルスタ〔約1000km〕先のソリヴィチェゴドスクに100人で向かうよう命ぜられ、それは以下の士官と幕僚からなっていた。〔……〕

　　そのような長大な旅を、わずかな額の資金で行おうというのである。しかしごく短い期間でしかモスクワでこの件の交渉ができなかったので、我々はそれで納得せざるをえず、〔捕虜の総責任者である〕ピーペル伯爵閣下が、用意でき次第後からお金を送ると約束してくれた。捕虜になってからこのかた、大尉は1ヶ月7リクスダーレル銀貨を、中尉や少尉は6リクスダーレル銀貨を費やして糧食を得ている。〔……〕

　　〔……〕7月14日、まったく予期しなかったが、ついにモスクワからある知らせが届いた。すでにピーペル伯爵閣下が為替を用意しており捕虜は現金を得られるというものだ。〔……〕

　　〔別の村に行って〕不在だった間の8月28日、上述の為替が届いた。日付はモスクワ・本年7月18日となっており、1,756リクスダーレル銀貨18エーレの額面だった。一つ不運だったのは、ここから20マイル〔約150km〕離れたゲリンスコイにある官庁で現金化するようにと、ガガーリン知事に指定されていたことだ。

　ヴァイエは無事10月15日に400ルーブル（＝1,250リクスダーレル）の現金を得た。ロシアからの日当があてにならない以上、士官クラスの者が手持ちの資金を使いながら仲間を食わせるとともに、ヴァイエが為替の現金化といった実務に携わっていた。

　ヴァイエと同じくヴェステルマンもソリヴィチェゴドスクに送られた。彼は捕虜集団の精神の安寧のため、日々の礼拝やクリスマスでのミサなどを行って聖職者として忙しくしていた。1711年12月に酷い体調不良にみまわれ、辛うじてクリスマスの説教を終えた後は、「神の恩寵が私に宿り、そ

れによって私は病を克服して再び健康となった。私に訪れた主の恩寵と三位一体の神の聖名に永遠の栄光を！！！」と記し、自らの職務を全うできた喜びをあらわにしている。

　聖職者のヴェステルマンは別にして、こうした記録から、軍内部の階級によってあてがわれる仕事も違っていた可能性を指摘できる。ヴァイエは出自がはっきりしないもののおそらく貴族で（父がドイツに領地を持っていた）、また教養もあったので、肉体労働ではなくロシア側との賃金折衝などの仕事をしていたと考えられる。リュートは市民出身だが大学を出ていたため、家庭教師のような頭脳労働を任されている。一方スメープストは、士官ではなく兵長である。日記の文章は短く散文的で綴りも一定せず、誰かに手伝ってもらいながら書いた可能性が指摘されている。おそらく教育水準はそう高くなかったであろう。

　前章で軽く触れたように、トボリスクに行ったのは士官ばかりで、単純作業ではなく職人や教師として仕事をした者が多かった。身分がものを言う近世ヨーロッパにあって、軍における階級は能力を計る一つの物差しになっており、ロシアはそれを判断材料にしながら、捕虜たちの行き先や仕事を割り振っていたのではないだろうか。

４．ロシア人へのまなざし

　当時のスウェーデン政府によるプロパガンダでは、敵であるロシア人は「血に飢えた野蛮な異教徒」のように描かれることが多かったとされる[10]。では兵士たちは、ロシア人をどのようにイメージしていたのだろうか。

　結論から言えば、ロシア人をプロパガンダ通りの存在だとは必ずしも考えていなかった。

　まずスメープストの場合、そもそもロシア人のことをあまり書いていない。捕虜になってからの彼の記録は「〇月〇日、日当を〇〇もらった（あるいはもらえなかった）」といったタイプの記述が多い。後述するように帰国後すぐ軍に復帰しているところから考えても、裕福ではなく食うために

10　Larsson, *op.cit.*, s.207.

軍隊に入ったものと考えられる。ロシア人に対しても敵愾心を持って対峙したというより、職務として戦った相手という程度の認識しかなかったのではないだろうか。

　リュートについては、捕虜になった当初こそ「我々を先導しているロシア人たちは、怒り狂ったゴロツキと泥棒たち」（1709年8月2日）と書いているが、その後はそうした記述はほとんどない。本心でロシア人を蔑視していたというより、不安とストレスの発散として悪口を書いたという面が強いのではないだろうか。1718年3月1日の記事では新任の捕虜監督官のことを「男子（karl）というよりババア（käring）」と品のない言い方で非難しているのだが、これは監督官個人の資質の問題である。続けて「すべてのロシア人が一般にそうであるようにとりわけ金に汚かった」とも記すが、異邦人にして捕虜の身であるスウェーデン人たちにロシア人が気前よく接してくれることは稀であっただろう。

　ヴァイエはソリヴィチェゴドスクにいるロシア人について、

　　モスクワやアルハンゲリスクにいつも旅をする者は別にして、一般の修道士や坊主のように他の住民も粗野でがさつだし、礼儀作法やあいさつをろくに知らず、富裕であっても貧しくても人々の間に違いはない。

と評している（1710年3月10日）。しかしこれも捕虜になって間がない時期であり、ロシア人を敵視していたというより、異文化に対する違和感が否定的な言辞となって表れたと考えるべきではないだろうか。

　なおヴェステルマンの場合は、そもそも他人の悪口などのネガティブな表現がほとんどない。

5．捕虜生活の終わり

　1721年、ニースタッド条約の締結をもって戦争は終わった。捕虜たちは金銭的な負担なしに国境まで戻れるとされたが、現実には苦労して資金を集めながらの帰国となったようである。

本稿でとりあげた4人のうち、ヴァイエはソリヴィチェゴドスクで亡くなっている。多くの捕虜はこのように現地で亡くなったのであろう。しかし次にみるように、スメープストのような例外もある。

　　　1714年5月19日、ペテルブルクのメランティン牧師のもとで聖体拝領をうけた。1714年5月23日、三位一体の主日にペテルブルクを離れて捕虜の身から逃れた。森や沼地を通り過ぎ、川や海も越えてシルメ教区の近くまで〔辿り着き〕、3週間のうちに37ミル〔370km移動した〕。

彼は捕虜になって5年目に脱走し、7月16日に故郷の村へと到着、8月には軍に復帰している。詳しい記述がないためどのような経緯で脱走したのかまったく分からない。いずれにせよこれは特殊な例で、脱走を試みた者のほとんどは途中で死亡したと考えられている。

　リュートとヴェステルマンは、和平締結後に帰国している。リュートは終戦翌年の1722年12月16日、「甚大な苦痛、危険、痛みと困難、長きにわたる実に嘆かわしい困難な捕虜状態のあと、ふたたび我が故郷（fosterland）ゴットランド島」にたどり着いた。

　ヴェステルマンは1721年12月19日にソリヴィチェゴドスクを出発して「祖国（Fäderneslandet）」へ向かい、3月1日にオーボ〔トゥルク、現フィンランド〕に到着、ここでしばらく聖務についたあとの5月6日、「長きにわたる捕虜生活と引き渡しの後に待ち望んだ喜びであり、やっと愛する父祖の地（fädernesort）」ストックホルムへと戻ることができた。

6．おわりに

　多数残されている兵士たちの記録からわずかな部分だけを抽出してみたが、一口に捕虜生活といっても子細に見れば各人それぞれ固有の体験が刻まれていることが見てとれる。最後に議論を総括するとともに、今後の展望について触れておきたい。

　先行研究で筆者は、捕虜が「資源」としてロシアに活用された点を指摘し

た。古代の奴隷にせよ、日本の戦国時代における人取り・乱取りにせよ[11]、戦場では手っ取り早く人的資源を入手しえた。ロシアの場合、ピョートル大帝による西欧化政策・富国強兵策にスウェーデン軍の捕虜がさまざまに活用されたのである。

ロシア人に対する認識については、必ずしもロシア人を敵視していたとは言えないことを確認した。17世紀における戦時プロパガンダに関する研究では、教会での説教で戦争について説明することはあっても敵を悪し様に言うことはなかったとされる。しかし1709年にポルタヴァでスウェーデン軍が大敗を喫すると、悪しき敵がスウェーデンを脅かしている、といった説教内容に変化していったという[12]。ポルタヴァで捕虜となった4人には、もともと敵国人を過剰に敵視する感覚は乏しかったのだろう。ただ、そのような感覚はいつまで続いたのだろうか。スウェーデン人意識・ネーション意識の変化の問題として今後検討する必要がある[13]。

最後に、兵士たちが残した記録を分析することは、ヨーロッパの庶民レベルでの教養・文化の水準を推し量ることにつながるかもしれない。本稿では触れることができなかったが、大学も出ていたリュートは行軍中に各地の教会建築に関心を示しており、筆致も全体的に冷静である。農民出身のスメープストは短かく散文的・事務的な文体で、単語の綴りが一般的でないことも多いが（方言のまま書いている可能性もある）、文字を書けること自体ある程度の教育を受けている証でもある。いずれにせよこうした人々の生の声を伝えてくれる兵士たちの記録は、歴史研究にとって尽きぬ泉であることは間違いない。

11　藤木久志『新版　雑兵たちの戦場－中世の傭兵と奴隷狩り－』朝日新聞社、2005年。

12　Anna Maria Forssberg, *The Story of War : Church and Propaganda in France and Sweden 1610-1710*, Lund, 2016.

13　フランスとの戦争とプロテスタンティズムが、18世紀にイギリスという国（ネイション）を創出した、とするリンダ・コリーの議論はこの点で示唆的である。リンダ・コリー（川北稔監訳）『イギリス国民の誕生』名古屋大学出版会、2000年。

＜参考文献＞
・入江幸二「大北方戦争期のスウェーデン捕虜」『北欧史研究』第28号、2011年、15-22頁。
・入江幸二「日記にみる捕虜の活動−大北方戦争期（1700-21年）のスウェーデンを例に−」『関西大学西洋史論叢』第18号、2015年、100-114頁。
・入江幸二「聖職者が見た大北方戦争（1700-21年）−従軍牧師ヴェステルマンの自伝より−」『関西大学西洋史論叢』第21号、2019年、127-145頁。

＜基礎文献＞
・大津留厚『捕虜が働くとき−第一次世界大戦・総力戦の狭間で−』人文書院、2013年。
・加藤九祚『シベリアに憑かれた人々』岩波書店、1974年。
・木畑洋一他編『戦争の記憶と捕虜問題』東京大学出版会、2003年。
・山内進『掠奪の法観念史−中・近世ヨーロッパの人・戦争・法−』東京大学出版会、1993年。

第 3 章
現代社会

人工知能の社会学
——「フレーム問題」と社会性——

佐藤　裕

1. はじめに —人工知能をめぐる状況と本論の問い

　現在は、第三次人工知能ブームなどと言われ、人工知能に関わる話題が関心を集めている。しかし、そもそも人工知能というものがどのようなもので、それで何ができるようになり、社会にどのような影響をもたらすのかといったことは、まだ十分には理解されていないように思う。そこで、最初に現在の人工知能をめぐる状況をごく簡単に整理しておこうと思う。

　近年人工知能が大きな関心を集めるようになったことには、いくつかの契機があるが、最も重要なのは、ディープラーニングなどの技術的なブレークスルーがなされたことだろう。この点に関する技術的な解説はとても紹介しきれないが、本論を理解する上で最低限必要なことは、その技術がコンピュータの「自立的な学習」に関わっているということだ。例えば話題を集めた囲碁をする人工知能であれば、場面に応じてどのような手を指せばよいのかを人間がいちいちプログラムするのではなく、膨大な棋譜データやシミュレーションから、コンピュータ自らが最適な差し手を見出していくということだ。

　コンピュータの自律的学習という技術は、人工知能の能力を飛躍的に増大させることに成功した。その一例として分かりやすいのは、囲碁で人間のプロ棋士を凌駕するといったことだが、もちろんそれにとどまらず、様々な場面で人工知能が活用され始め、また将来の活用に大きな期待がかけられている。本論では、その中でも車の自動運転の技術を取り上げて考えていくが、その開発は様々な企業が激しい競争を繰り広げており、毎日のように何かしらのニュースが流れるほど、恐ろしい速度で事態が進んでいる。

　このような状況は、人々に大きな期待を抱かせるとともに、一方では漠然とした不安ももたらしている。人工知能は私たちの生活を便利にしてくれるのかもしれないが、もしかしたら様々な危険をもたらすのかもしれな

88

い。人工知能は人間の仕事を奪ってしまうのではないか。人工知能の誤作動は人間とって大きなリスクとなるのではないか。人工知能が人間に対して反乱を起こすのではないか。

このような疑問に答えようする試みは、すでに数多くなされており、本論もその一つである。

本論は、社会学という立場から人工知能について考えるものだが、「人工知能は社会にどのような影響を与えるのか」といったことを直接のテーマにしているのではない。もちろんその問いに対して答えることも射程に入ってはいるのだが、それだけであれば別に社会学である必要はない。本論の眼目はむしろそのような問いにどのようなな切り口でアプローチするのかという点にある。そして、その「切り口」とは、「人工知能は社会性を持ち得るのか」ということだ。

社会性を持つ人工知能というと、アンドロイドがまちなかを闊歩するようなＳＦ的世界を思い浮かべるかもしれないが、実はこれはそれほど遠い未来のことではない。それは、車の（完全）自動運転が実現するということが、ひとつの「社会」である自動車交通の世界にその一員として人工知能が参加するということにほかならないからだ。

以上のことから、本論では車の自動運転を事例として取り上げ、人工知能が人間のような「社会性」を持ち得るのかどうかを考えてゆきたい。

2．フレーム問題

人工知能が人間のような柔軟な思考ができないことを示す思考実験として、「フレーム問題」というものがある[1]。これは本来、人工知能が現実の問題に対応をするため「当面考慮すべき範囲」をうまく設定することが困難であることを示す思考実験であるが、本論ではこれを社会性に関わる問題として読み替えてみたい。

まず、フレーム問題の概要を見てみよう。

---

[1]　フレーム問題については、様々な定式化があるが、本論では以下の論文に基づいて考察する。ダニエル・デネット「コグニティヴ・ホイール　人工知能におけるフレーム問題」信原幸弘訳『現代思想』Vol.15-5

あるロボット（R1）が、自らの予備バッテリーがしまってある倉庫に爆弾が仕掛けられたことを知らされた。そこで、バッテリーを守るため倉庫からバッテリーを取り出そうとし、そのことには成功したのだが、実は爆弾はバッテリーの上に置かれていたため、バッテリーは破壊されてしまった。ロボットR1はバッテリーを移動させるとそれに伴って爆弾も移動してしまうことに気が付かなかったのだ。

　そこでロボットの開発者はR1を改良し（R1D1）、バッテリーを動かすと何が生じるのかを考えることができるようにして、同じ状況においてみた。そうすると、R1D1はバッテリーを動かすと部屋の色は変わらないとかバッテリーを載せているワゴンの車輪が回転するとか、あらゆることを考え続け、時間切れで爆弾は爆発してしまった。

　開発者はさらにロボットを改良し、無関係なことを無視できるようにした（R1D2）。そうすると、R1D2は何が無関係なのかをリストアップし続け、やはり時間切れで爆弾は爆発してしまった。

　このように、現実社会の中でなにか作業をしようとすると、当面の作業をするために考慮するべき範囲（フレーム）を設ける必要があるが、それが人工知能には困難だというのが、フレーム問題の含意である。

　しかし、実際の自動運転に関する議論においては、このような問題が話題になることは、少なくとも私の知る限りはほとんどないと思う。その理由のひとつは、現実の人工知能の技術がフレーム問題で想定されているほどには進んでおらず、人間が「フレーム」を与えているからだろう。それでは、自動運転ではフレーム問題は考慮しなくてよいのだろうか。

　私はそうではないと思う。フレーム問題（のようなもの）は自動運転でもやはり問題にはなる。ただし、それを確認するにはフレーム問題の捉え方を少し変更する必要があると思う。

　実は、「関係のあることと関係のないことの区別」というのは実際には不可能だ。全く関係がないと思われる出来事であっても、それが非常に複雑な経路をたどってごく僅かな影響を与える可能性を完全に否定することはできないだろうから。そのため、実際に確認するべきは、「どの程度まで関係のない（関連の小さい）ことまで考慮するのか」という形になるはずだ。

　この形式であれば、基準さえ与えられていれば、「考慮すべき範囲」は特定可能だ。

　例えば事故が起こらないようにするため、事故の原因と考えられる事柄を見つけ出してそれらに対応することを考えてみよう。過去の経験から、原因となるものをその割合の大きいものから順に、その合計がすべての事故のうちの、例えば９９．９９％になるまで取り上げる。そしてそれらに対して完璧に対応できるようになれば、事故が起こる確率は非常に少なくできるだろう。

　しかしもちろん、それで完璧になるとは言えない。残りの０．０１％には非常にレアな原因が無数にあるのだろうが、それらには対応していないからだ。それでは、そこまで考えて対策を講じればよいのだろうか。おそらく現実的にはそんなことは不可能だろう。ほとんどゼロに近い確率しか持たないような雑多な原因のすべてに対応することはできないだろうから。

　ちょっと回りくどい説明をしてしまったが、実はもっとシンプルに、「どんなに頑張っても事故の確率をゼロにすることはできない」と言ってもいい。そのため実際には、ある程度事故の確率を小さくできれば、それがゼロでなくても許容するしかない。そして、この程度事故の確率がすくなればよいだろうという判断のもとに、「考慮すべき範囲」が定められる。つまりそれが「フレーム」なのだ。

　このように考えると、フレーム問題とは人間にとっても必ずしも簡単な問題ではないことがわかる。例えば原発には事故のリスクがつきまとい、そのリスクはどんなに頑張ってもゼロにすることはできない。ではどの程度リスクが小さければ原発の可動は許容できるのだろうか。これも一種の「フレーム問題」なのだ。

　では、私たち人間はどのようにしてこのような「フレーム問題」を解決しているのだろうか。原発の例からもわかるように、フレーム問題の解決は数式の解のように答えが一意に定まるという性質のものではなく、社会的な解決が必要とされる。そしてその社会的解決とは、具体的には次の２つが考えられる。

　まず一つは、何らかのルールに基づいて決めるという方法だ。リスク管理であれば、何らかの安全基準を然るべき手続きに則って決める。それに

従うことによってフレーム問題が解決されるのだ。

　もう一つは、リスクに対して責任を負うという方法だ。例えば通勤で自家用車を用いる人は、自分が事故を起こしてしまう可能性がゼロではないと知りながらも自家用車で通勤する。それは、万が一事故を起こしてしまえば、相応の責任を取るという覚悟があるからだ（その覚悟がなければ運転するべきではない）。事故を起こして自分が怪我をすれば自己責任としてその結果を引き受け、他の人に怪我をさせてしまえば他者に対する責任を取らねばならない。そのことがどの程度安全に配慮するのかという私たちの態度に影響を与える。これが「責任」によってフレーム問題が解決される仕組みであり、ルールによる解決と合わせて、フレーム問題の社会的解決ということができるだろう。

　以上のことから、人工知能の「フレーム問題」とは、「人工知能はルールに基づいて行動することができるのか」という問題と、「人工知能は自分の行動に責任を持つことができるのか」という問題の２つに帰着するというのが私の見解だ。

　では、これら２つの問題を順に考えていこう。

３．人工知能と責任

　まず、責任についての考察を先に取り上げたい。

　「責任を取る」というのはどういうことだろうか。まず他者に対する責任について考えてみよう。

　事故によって生じた損害を補償するという責任のとり方が考えられる。物的被害であれば、経済的補償で責任を取ることができるかもしれない。怪我をさせてしまえば、医療費や仕事ができなかったことによる損害を補償することが責任のとり方のひとつになるだろう。また、事故を起こしたことが「罪」であると認識されれば、それを「償う」ことも責任のとり方として考えられる。様々な刑罰は罪の償いとして意味づけられるし、自発的に何らかの不自由や不利益を自らに課して「償い」をしようとする人もいるだろう。

　責任を取るということが、このようなことを意味するのであれば、それ

らは人工知能にも可能なことだろうか。人工知能が自らが引き起こした事故に対して経済的な補償をする。人工知能を罰して罪を償わせる。そのようなことが可能だろうか。もし可能だとすれば、どのような条件が必要なのだろうか。

　私は原理的には不可能ではないが、非常に達成困難だと思う。それは責任を取るための前提条件が「個人的利害を持つ」ということだと思うからだ。

　個人的利害を持つためには、利害を示す何かを所有する必要がある。例えば財産がそうだし、身体もまた（苦痛や快楽をもたらすため）利害に関わる。あるいは社会的評価や人間関係も利害に関わるだろう。そしてそれらが、主体（人工知能）にとって非常に重要な価値を持つことも必要だ。

　人工知能をそのような条件を満たすように作ることができるだろうか。もしかしたら、自分自身のエネルギー源を自ら稼ぎ出すロボットができるかもしれない。苦痛を避け快楽を求めるようなロボットを作ることができるかもしれない。しかしそれでもなお、個人的利害を持つようになるとは言えない。個人的利害を持つための、おそらく最も困難な条件は、人工知能が誰にも所有されない、ということではないだろうか。

　もし人工知能が特定の人間に所有されているのなら、その人工知能の利害は基本的に所有者の利害だ。人工知能に「懲役」や「死刑」といった刑罰を与えれば所有者が損害を受ける。人工知能に「苦痛」を与えたとしても、（それで機能が低下しなければ）所有者に損害は生じず、それを有効な刑罰だと多くの人は受け止めないのではないだろうか

　このように考えていくと、人工知能が責任を持てるのかという問いは、少なくとも技術的に答えが出るような性質のものではないことがわかる。どんなに技術が発展しようとも、それだけで人工知能が責任を取れるようにはならないのだ。

4．人工知能とルール

　責任を取ることについては、人工知能には困難だということがわかったが、それではルールを守ることについてはどうだろうか。

ルールがきちんと決められており、それを人工知能が知っていれば、人工知能がルールを守ることは何の問題もなくできそうだ。むしろ、ルールを破ってしまうことがある人間よりも確実ではないだろうか。

　しかし、「ルールを守る」というのは、（少なくとも人間にとっては）そう単純なことではない。このことを理解してもらうために、フレーム問題についてのこれまでの議論を少し離れ、交通ルールの遵守という点について考えてみよう。

　人間は、交通ルールを必ずしも厳密に守っているわけではない。（わずかであれば）制限速度を超えて走行する車は珍しくないし、交差点での優先順位や、様々な場所での一時停止の指示なども守られていないことがあるだろう。これらのルール違反は、もちろん多くの場合は望ましくないことで、厳密に守られればそれに越したことはないだろうが、場合によってはルール違反をすることが必ずしも悪いとは言えない場合もある。

　例えば、近年多くの地域で、歩行者のいる信号のない横断歩道の手前で一時停止しない車が多いことが問題になっている。もちろんこれは明確にルール違反であり、一般論としては決して良いことではないのだが、個々の具体的状況によっては必ずしも悪いとは言い切れないこともある。

　JAFが実施したアンケートでは、横断歩道の手前で一時停止しない理由として、追突されるおそれがあるからとか、歩行者が渡ろうとしないからといった理由が挙げられている[2]。つまり、一時停止しない車が多くなってしまった状況においては、停止することによってかえって危険になったり、渋滞を引き起こしてしまったりする可能性もあるのだ。

　このように、人間は交通ルールを必ずしも杓子定規に守っているわけではない。状況に応じて柔軟に対応し、場合によってはルールに反する行動が許容されることもあるのだ。事故や災害によって通常のルールの適用が困難になる状況では、こういったことはさらに重要になるだろう。

　それでは、自動運転の人工知能もまた、場合によってはルールを破ることができるようにするべきなのだろうか。

　もし人工知能が「自分の判断」でルールに反する行動ができるようにす

2　http://www.jaf.or.jp/profile/news/file/2017_50.htm

るなら、無制限にルールが無視されるような状態にならないように何らか
の歯止めが必要なはずだ。

　人間の場合は、ルール違反をすることもあるけど、もちろんルール違反
が無制限に許容されているわけではない。ルール違反をすると何らかの罰
を受けたり資格を失ったりする。そのことが、ルール違反が生じつつもあ
る程度の秩序が保たれている、人間のルールの仕組みなのだ。

　ということは、人工知能もまた罰や資格停止などでルール違反を抑制す
ることが必要なのだろうか。

　ここまでくれば、その結論は責任についての説明とほとんど同じになる
ことがわかるだろう。ルール違反に対する罰などがルール違反を抑制する
力を持つためには、やはり個人的利害が必要なのだ。そうでなければ、罰
は罰としての意味を持たず、ルール違反を抑制することもできないだろう。

　以上の考察から、人工知能のフレーム問題は、最終的には人工知能が「個
人的利害」を持ち得るかどうかに帰着するという結論が導かれる。フレー
ム問題の解決には社会性が必要なのだが、その社会性の核心にあるのが個
人的利害なのだと言ってよいだろう。

　自動運転においては、人工知能が個人的利害を持つということが現実的
ではない以上、フレーム問題は解決できず、どんな状況にも柔軟に対応で
きるようにはならないということだ。

　それでは、高度な自動運転というのは実現不可能なのだろうか。最後に、
これまでの考察を踏まえて自動運転のあるべき姿を提示してみたい。

5．自動運転のあるべき姿

　第2節では、自動運転においてフレーム問題が議論されていないのは、
人間がフレームを与えているからだと説明した。そうであるなら、フレー
ム問題が解決できなくても自動運転は可能ではないだろうか。

　おそらくそのとおりで、例えば交通量の多くない決まったルートのみを
通行するバスのような形であれば、それほど高度な人工知能でなくても実
現が可能なのではないかと思う。しかし、どんな道でも通行でき、天候や

交通状況の変化にも対応できるような自動運転、すなわち現在の自家用車がそのまま置き換わるような自動運転となると、自律的学習による高度な人工知能が必要になり、これまで述べたような問題が生じると思われる。

　そのため、私が提案するのは、ある程度細かいところまで人間が「フレーム」を与える形での自動運転が現実的な選択肢となるということだ。想定される状況のそれぞれに対して、どのような動作をするのかをすべて人間が指定する。そうすることによって、製作者や運用者が責任を取れる形での運用が可能になるが、あまり柔軟な運行は難しいだろう。それでも例えば僻地の交通手段だとか、専用道路を用いた大量輸送だとか、十分に実用性のある交通手段を作ることは可能だと思う。

　その際に最も重要なことは、人間が運転する車と自動運転車は全く別のルールに基づいて動いているものだという認識を明確にし（もちろんルールを作ることも必要だ）、両者の違いが誰の目にもはっきり分かるようにしなくてはならないということだ。そうでなければ、自動運転車が人間のように判断してくれるのではないかという期待から事故が起こってしまうかもしれないと思う。

6．おわりに

　紙面が限られているため、「人工知能の社会学」というタイトルに見合うような内容は十分に論じることはできなかった。自動運転というテーマにしても、指摘するべきポイントをいくつも省略せざるを得なかった。これらは大変残念ではあるが、人工知能について考えるための入り口くらいは示すことができたのではないだろうか。

　人工知能についての技術的な発展の速度は極めて早く、どんどんと新しいことができるようになっている。しかしそれに比べて、それが社会にどのような影響を与えるのかといったことは、そもそもの議論の枠組みからして十分には出来上がっていないと思う。そのような問題意識をある程度でも共有してもらえると嬉しい。もし興味を持たれたかたは、ぜひ以下の参考文献にあたってほしい。

この分野を学ぶための基礎文献

佐藤裕, 2019『人工知能の社会学―AIの時代における人間らしさを考える』ハーベスト社
　　本論のベースになった書籍である。「フレーム」について議論は本論がオリジナルであるが、
　　本論の議論のベースになる理論枠組みについて詳細に説明している。

中嶋聖雄・高橋武秀・小林英夫編著,2019『自動運転の現状と課題』社会評論社
　　自動運転と交通ルールの関わりについて考察している文献は私の知る限り非常に少ないが、
　　この本は僅かであるがその点に言及しているので紹介しておきたい。

「学問」を超えて思考する
——文化人類学のフィールドワークから

野澤豊一

1．はじめに

　人文諸学の例にもれず、私が専門とする文化人類学にも「教科書」が存在していて、この学問の歴史や諸理論、有名な研究の要約、実社会への応用などが、そこには書かれている。文化人類学のトレードマークとも言うべきフィールドワーク（現地調査）の方にも教科書があって、ノートの取り方から、どのようにして現地でデータを得るのか、どのようにしてそれをもとに論文を書くのか、ということなどが書かれている。この種の教科書を読んでいると、文化人類学者というのは数ある理論を脳内に携えてフィールドに赴き、眼前にある現象を解釈したり説明するのにその都度適切な理論を持ち出しているのだという気になってしまいがちだが、そんなことはおそらくはめったにない。実際のフィールドワークというのは、ひとりの人間がフィールドで、ともすればその人にしか見えないかもしれない何かを発見し、その現象をどうにか言葉にしてゆく（あるいは言葉にし損ねてゆく）という、試行錯誤のプロセスだからだ。それに、フィールドワークにはその場の状況に左右されながら、可能な範囲でデータ集めをするという側面が少なからずある。きっちりと整理された教科書的記述に欠落しているのは、そうした「ゆらぎ」を含む感覚だろう。

　説明する順序が逆になったが、文化人類学とは、中・長期的なフィールドワークによって、私たちとは異なる文化的環境で生きる人びとのことをより良く理解しようとする学問である。かつては、「我われ」の生きる西洋近代文明から遠いところに位置する「未開社会」の住人を研究対象としてきたことがこの学問を特徴づけていた。だが、先進国の様々な場所（と言っても、それはしばしば「主流」とみなされる社会からするとマイナーな集団・集まり・局面であることが多いのだが）で文化人類学者がフィールドワークを行うようになった今、たとえば同じくフィールドワークを現

代社会のなかで積み重ねてきた社会学のような隣接分野との違いは分かりにくい。そのなかで文化人類学の特徴あえて挙げるとすれば、調査者がフィールド（調査地）で、その人なりの「問い」と出会うという点だろうと思う。それはしばしば、机上のものではない、身体的で直接的な経験からやってくる「問い」だから、狭義の「学問」の枠組みには収まりきらないことも多い。文化人類学者のなかには、学術論文という形式のなかではめったに言及されないフィールドでの「原体験」によって、研究のスタンスを方向付けられたという人も少なくないようで、そうした舞台裏を研究会後の懇親会などで教えてもらうのも、研究の楽しみだったりする。

　本章では、私自身がフィールドで何に出会い、そこから何を考えてきたのかというプロセスの一端を紹介しよう。とりわけ、調査経験の一部をどのように狭義の「学問」という枠組みに落とし込んできた（そして落とし込めずにいる）のかという舞台裏の一部に焦点を当てよう。そうして「学問」の営みをメタレベルで眼差しつつ、その枠組みに収まり切らない次元で思考することの大切さについても考えてみたい。

２．フィールドで「何か」に出会う

　私たちの誰もが、多かれ少なかれ自分たちの内側に「想像を掻き立てられる他者」を持っているはずだ。私の場合、それはアメリカの黒人だった[1]。理由はごく単純で、高校生から大学生の頃にブルースやソウルといった黒人音楽を好んで聴いていたからである。大学院で文化人類学を専攻すると決めてはいたものの研究テーマについては白紙だった私は、（のちに指導を受けることになった）ある教員に「ブラック・ミュージックが好きなのなら、それをテーマにすればいいのでは」と言われて、それを鵜呑みにしたのだった。

1　現在では「アフリカ系アメリカ人 African-American」という標記の方が「政治的に正しい」ようだが、これは文字的な文脈に限ったことのようだ。私のフィールドワークで知り合った人びとは、もっぱら"black(s)"とか"black people"と言っていたので、本章では彼らのオーラルな伝統に従っている。

初めて米国に予備調査に出かけたのは、大学院に合格した年の夏休み。初めのうちはミュージシャンの生態を明らかにできないかと考えてブルースを演奏するバーに夜な夜な出かけて行ったのだが、夜中にしばしば郊外の酒場に出かけて行ってミュージシャンに話を聞くなどということは、英語もうまく喋れない当時の私にはハードルが高すぎた。どうしたものかと考えていた時、あるミュージシャンの一団に彼らが普段演奏しているという黒人教会black churchに誘われたのだった。そうしてあちこちの教会の日曜礼拝に参列しているうちに、私はすっかり礼拝儀礼に魅了されてしまい、日曜日ごとに黒人教会をはしごするようになったのだ。(日曜礼拝の時間は教会によってまちまちなので、たとえば8時に朝礼拝が始まる礼拝に行った後に、11時開始の教会に行くことができる。また、日曜や平日の夜に礼拝をしているところも多い。)

　黒人教会の礼拝儀礼の様子を一言で言い表すことは難しいが、映画『ブルース・ブラザーズ』(1980)でジェイムズ・ブラウン演じる牧師が出てくる場面を思い浮かべてもらえれば良い。観たことがなければ通用しない説明だが、とにかくあの場面がそこまでデフォルメされたものではないということが、一部の民衆的な黒人教会に行くとよくわかる。説教壇の脇にはロックバンドさながらの楽隊がいて、聖歌隊の主なレパートリーは1960年代以降のソウルやR&B、さらにはヒップホップの影響までも強く受けた「現代ゴスペルcontemporary gospel」であるケースも少なくない。お金を払ってでも聞きたくなるようなレベルに達しているような腕の持ち主はいくらでも見つかる。牧師の存在感も特筆もので、人気牧師ともなれば説教中のお喋りやジョークが巧みなのは当たり前、「聞かせる歌手」であることも少なくない。私が調査の初期から世話になったある教会の牧師(故人)も、歌いだせばその場の雰囲気が一変するほどの声の持ち主だった。

　西洋的なキリスト教イメージとはまったくかけ離れているのは、音楽的な面ばかりではない。礼拝儀礼自体が非常に賑やかなのである。信者たちは歌い、体を揺らし、牧師らのスピーチに全身で応え、感極まったときにはその場で踊りだしたり、走りだしたりする。会衆が牧師のスピーチに反応するタイミングは、漫才師のボケとツッコミに匹敵するほどで、音楽が演奏されていない時でも、あまり退屈せずに済む。現地の信者たちにとっ

て、礼拝が"lively"つまり「生き生きとしている」ことは常に肯定される
べきことである。このlivelyさの頂点に「聖霊 Holy Spirit/Holy Ghost」の
出現がある。信者がトランス状態になって踊りだしたり、普段使っている
言葉とはまったく異なる発話（「異言」と言う）をするとき、その人のなか
で聖霊が働いているとされるのである。

　さて、私がすっかりハマってしまったのも、歌、音、歓喜、ダンス、異
言が渾然一体となる瞬間であった（その意味で、私もまた「聖霊に憑かれ
てしまった」のだ）。「音楽のパワー」――こう言うとかえって事実を矮小
化してしまいそうなくらいの陳腐な表現になってしまうが、それは、音楽
が持ちうる最大限のパワーをまざまざと見せつけられるような経験だった
と言うほかない。それだけではない。礼拝儀礼に通い詰めているうちに、
生き生きとしたパフォーマンス、あるいは音や歌や話術といったパフォー
マンスが場の雰囲気を自然と盛り上げていくことについて、考えさせられ
るようになった。信者たちの気分は音楽や説教に全身で応えながら盛り上
がってくるのだが、そこに（現代日本のパフォーマンスの場でありがち
な）「無理矢理感」があまりないのだ。個人の技量も確かに貢献している
が、それ以上に「場」そのものが力をもつのがその理由であることは間違
いない。それに、教会で活躍するミュージシャンも、子供のころから礼拝
に通って見よう見まねで楽器を覚えて上達していくのであって、「学校」や
「教室」のなかで技術を磨いてきた人は少ない。つまり、「個人の技量」も
礼拝儀礼とその周辺のなかで形作られているという世界なのだ。

3．「問い」を形成していく

　そうしてフィールドワークをしていた私のなかで、徐々に「パフォーマン
スの生きの良さとは何なのだろう？」という「問い」が形を成してきた。
ただ、残念ながらこの問いには「学問」としての資格が不十分だった、あ
るいはその枠組みで論じるには「怪しげ」とされているらしいことが、大
学院生だった当時の私にもわかってきた。というのも、先行研究のなかに
そうした事象を正面から扱うものが見当たらなかったからだ。

　黒人教会の「音楽」であれば、主に民族音楽学という学問分野のなかで扱

われている。だがそのほとんどは、「霊歌Spirituals」や「ゴスペルGospel」という音楽ジャンルの形成史である。実際の礼拝儀礼のなかでそれらの楽曲とともに発される音、スピーチ、身体の動き等々が合わさって形作られるエネルギーのうねりのようなものは、民族音楽学者のあいだでは研究対象とされてこなかったようだった。

　文化人類学では、「パフォーマンス」や「儀礼」というキーワードで黒人教会の礼拝儀礼に迫った研究がいくらかあったが、そこでカギになってくるのは「アフリカ性」（および／ないし「周縁性」）である[2]。もちろん、非常に大きな視野から眺めれば、黒人教会の表現文化も西洋近代のなかで噴出したアフリカ性だという解釈に疑いの余地はない。だが、ひとくちにアフリカといってもその内実はあまりに多様なのだから、「アフリカ性」は何かを説明するものというよりは、それ自体が説明されるべき問題である。——この問題は大きく二つに分けられるだろう。ひとつは私たちが「アフリカ」に何を見出すのかという問題であり、もう一つは何が「アフリカ」を可能にするのかという問題である。

　いずれにせよ、ぴったりの先行研究がない以上、「学問」の枠組みに合うように自前の問いを立てる必要がある。そのためにはまず、「パフォーマンス生きの良さ」という、叙述しにくくて輪郭のはっきりしない「何か」を、（私自身の関心と観察に基づいて）分節し絞り込む必要があった——歌、音、歓喜、ダンス、異言が渾然一体となった場面から取り出したのは、私にとってもっとも不思議で、惹きつけられると同時にどこか怖ろしい「トランス」という現象であった。黒人教会の信者たちは、トランスに入って踊ることを「シャウトするshouting」と言う。それは例えば、聖歌隊による歌唱の直後や、説教師によるスピーチのさなかに起こって、それが礼拝儀礼の感情的頂点を決定づける。このシャウトが成立するメカニズムを解明しようと考えたのだ。

　このために私がとったのは次のような方法である。まず、シャウトが頻繁に起こる教会を2つほどに絞り込み、その礼拝儀礼に通い詰めて、メモ

2　文化人類学者が「音楽」にフォーカスを当てることはほぼない。これは、音楽的現象が文字による記述と相性が悪いという事実に加えて、すでに民族音楽学が文化人類学に倣ってフィールドワークを主たる方法にしていることも理由であろう。

を取りながら仔細に観察する。「ペンテコステ派」とか「カリスマ派」とか呼ばれるこれらの教会のうち私が選んだのは、日曜礼拝への参列者がせいぜい30名〜120名くらいだったので、そうやって通ううちに、シャウトが起こりそうな場面、誰がシャウトするか、それに対してミュージシャンや礼拝をリードする立場の人がどんな風に反応するかというパターンが、少しずつ見えてきたのである。そのうち、あらかじめ調査許可をもらっていた牧師や一部の信者はもちろんのこと、普段ほとんど言葉を交わすことのない信者にも変に怪しまれることがなくなってきた。そのころ合いを見計らって、アングルなどを工夫しながらビデオカメラで礼拝儀礼を撮影し、そこからこれと思える場面をいくつか分析したのである。

　分析時に参考にしたのは、「相互行為研究」と呼ばれる研究ジャンルの成果である。古くは社会学者のアーヴィング・ゴフマンが先鞭をつけた分野で（ゴッフマン 1980）、日本でも文化人類学者のみならず行動学や社会言語学で研究が行われてきていた（菅原＋野村 1996；谷 1997）。ただ、会話や動物の遊びなどの研究で確立しつつあったこのアプローチを音楽文化の研究に応用した例は、当時はごく少なかった。

　以下に、私の過去の論文からの一例をダイジェストで再掲しよう（野澤 2010）。複数の信者たちがひとしきりシャウトを行った状態から一息ついた直後から始まる、ほんの数分間の場面の分析だが、そこには私の発見のエッセンスがそれなりにある。会衆のほぼ全員が着席して、礼拝のなかでも最も落ちついた「諸連絡announce」が伝えられる直前、牧師と並んで座っていた「ミニスタ」のひとりが唐突に踊りだし、周囲がそれに徐々につられて行って、最終的に複数の信者がシャウトを行ったというシーケンスである。これを、動画データに基づくと次のように記述できる。

0:00（分：秒）　司会者が「ミニスタ・ヤングより諸連絡がある」と告げる。【1】

0:20　ヤングが登壇するのを待ちながら、司会者が「それでは、もう一度だけ神を賛美（筆者注：この文脈では喝采や拍手を意味する）しましょう」と言うと、会衆から拍手が起こる。同時に、礼拝堂の前方、説教壇の真後ろ辺りに座っていたミニスタのナットが跳び上がって、

【2】ナットの跳躍

【3】互いに顔を見合わせながら、徐々にシャウト音楽を演奏し始める音楽家たち

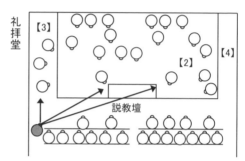

礼拝堂

【3】

【4】

【2】

説教壇

【4】周囲の信者が立ち上がる（中央やや右手前は司会者）

図1　シャウトが出現する過程の事例（礼拝堂の概念図と写真；網かけの人物とそこから延びる矢印は、筆者の位置とビデオカメラの画角を示している）

両足で床を踏み鳴らし始める。【2】

0:40　音楽家（オルガン奏者とドラム奏者）は戸惑う様子を見せながらも、徐々にナットの体の動きに合わせるように演奏し始める。【3】

0:45　シャウト用のテンポの速い音楽が成立するのとほぼ同時に、ナットの跳躍がシャウトの動きになっていく。司会者の喋り方も説教調に

なり、礼拝堂の前方にいる数名が立ち上がって手拍子を始める。【4】
1:30〜　ナットのシャウトはいったん収まるも、数名の信者が彼に続く
　　　　ようにシャウトを始めた。【5】

　私がこの記述と図で客観的に示そうとしたのは、ひとりないしごく少数
の信者によるシャウトが、音楽、歌唱、リーダーのスピーチに触発されて
始まり、さらにはその「気分」がさらに多くの信者に広がる様子である。
要点は、シャウト（あるいはその前兆）をミュージシャンがよく観察しそ
れに合わせて演奏すること、それが礼拝リーダーの語り方に影響を与えた
り、少し遠くにいる信者のシャウトを引き起こすという点である。「ミュー
ジシャン」「礼拝リーダー（牧師や幹部クラスの人びと）」「平信徒」とい
う、大まかにいって3つの異なる立場のエージェントが相互的にやり取り
するなかでシャウトが出現するということ、それが、たとえば牧師や特定
のミュージシャンのようなカリスマ的個人のスキルに還元できるようなプ
ロセスではないことを、この方法で経験的に示そうとしたのだった。
　ちなみに、同型の相互行為はさらに細かいレベルで観察することもでき
る。上の記述では省いたが、動画データの【3】では、リーダー格にあたる
オルガン奏者がドラム奏者に対して「叩け」と身ぶりで伝えている瞬間が
収められている。また、シャウトをしている信者に対して、近くにいる平
信徒が彼／彼女の眼鏡をはずしてやったり、あらぬ方向に向かって行って
誰かとぶつかったりしないように気を使ったりする場面もよく見られる。
複数名のシャウトによって決定づけられる礼拝の頂点は、一つのビデオカ
メラでは到底追えないくらい多数のエージェントによる相互的な働きかけ
によって成り立つのだ。

4.「学問」の約束事に囚われずに考える

　前節で紹介したアプローチで私が着目したシャウト発生のメカニズムは、
根本的にダイナミックな過程である。それを明らかにするには、「曲」と
しての輪郭を持つ文化的表象だけではなく、ダンスの身ぶり、信者の感情
を高める歌唱・楽曲・発話スタイル、演奏時にミュージシャンが信者や牧

師の行動や表情に如何に反応しつつ演奏行為を調整しているのか、といった「行動」にも焦点を当てなければならなかった。面白いのは、結果してそれが、音楽文化の研究としては新奇なものとして受け取られたことである。民族音楽学が主に対象にしてきたのは「音」だが、私が対象としたのは「音楽の演奏」とともに起こりながら「音楽」から見ると周辺に位置する行動――ここではそれを「前音楽的行動」と呼んでおこう――であり、その点が音楽研究の立場からすると新奇だったということのようだ。

　興味深いのは、認知考古学者のスティーヴン・ミズン（2006）が「歌うネアンデルタール人」説で描いた原初の音楽シーンと、私が記述しようとしていた前音楽的行動があまりに一致していたことである（私がミズンの仮説を知って驚いたのは、ちょうど調査データをまとめて学位論文を準備していた頃だった）。ネアンデルタール人は象徴言語を操る能力をもたなかったとされる一方で、複雑な構造の社会集団を形成して狩りなどを行っていたことも知られている。ミズンは、言語なしにこの規模の集団を維持するには、歌と踊りが欠かせなかっただろうという仮説を提示したのだった。ミズンによるこの大胆な主張と歩調を合わせるように、前音楽的行動の重要性はいくつかの他の分野でも指摘されるようになってきていた。例えばそれは音楽療法の事例研究であり（スティーゲ 2008）、言語獲得に不可欠なプロセスとしての母子間のコミュニケーションの研究（マロック＋トレヴァーセン 2018）などである。いずれも、音楽（メロディやリズムだけでなく、マルチモーダルな模倣も含む）を媒介に身体が前意識的なレベルで共振するという現象に焦点が当てられている。

　不思議なのは、音楽学や民族音楽学という学問分野で、音楽行動のこうした側面が無視されてきたという事実である。「進化」が人文社会科学のなかで長らくタブー視されてきたという背景は別にしても、世界中でフィールドワークを実施してきた民族音楽学たちが音と動作の複合としての音楽的現象を正面から相手にしてこなかったという事実は、私のような門外漢には不可解ですらあった。だから、民族音楽学者アンソニー・シーガーによる次の説明を読んで、私は妙に納得したのだった――シーガーはこの問題に関して、もしエジソンが音声だけではなく動画もとれる媒体を発明していれば、民族音楽学は違った発展をしていただろうと、反省を込めて書

いているのである（Seeger 1994）。音楽教育者だったクリストファー・ス
モールの指摘はさらにラディカルだ。彼によれば、私たち近代人は「音楽」
という言葉があるおかげで音楽のことを「モノ」だと考えがちで、実際の
音楽的出来事（彼はそれをミュージッキングmusickingと呼ぶ）が前音楽的
な行動からも成ることを無視していると警告している（スモール 2011）。
つまり、「音楽」という概念やレコードというメディア自体が「学問」とし
て思考する枠組みを規定しているというわけだ。

　つまり、民族音楽学の伝統がビデオが使えなかった頃からの蓄積によっ
て成り立っているのに対して、その伝統と無関係なところにいた私は、
ミュージッキングにおける相互行為する身体を、さしたる疑問を持つこと
なくビデオカメラで記録していたということになる。もちろん、安価で小
型なビデオカメラの存在が使える時代になっていたという事実も大きい。
いずれにせよ間違いないのは、これが学問的な約束事に囚われていなかっ
たからこそ成しえた成果だったという側面が、少なからずあるということ
である。

　だが、こう書いて自画自賛するだけではフェアではないだろう。私がとっ
たアプローチも、「学問の都合」に合わせられていることを無視するわけに
はいかないからだ。ひとつは「相互行為」という枠組みに由来する。私が
これまで「学術論文」として記述してきた場面の大半は、数ある動画デー
タのなかからで「相互行為」として分節化しやすいものだ。たとえばそれ
は、エージェントの数があまり多すぎない事例であり、明確に行動として
記述できる事例である。ところが、実際の礼拝儀礼では信者の行動は同時
多発的に起こっているし、多方向に連鎖することも多い。そうした場面を
記述しない最大の理由は、文字による精確な記述が極めて難しいという、
実際的なものにすぎない。

　そもそも「相互行為」とは二つの独立した個体のやり取りが原型の概念
だが、会話にしてもミュージッキングにしても実際のエージェントが2つ
だけということはむしろ少ないはずで、だとすると、二者間（あるいはそ
れを大きく超えないエージェント間）の相互行為の記述は、リニアな記述
に都合がよいために採用された事実の単純化である。さらに言うと、私は
当初の関心である「パフォーマンスの生きの良さ」を「トランス」に絞っ

た——つまり、問いを扱いやすいように単純化した——のだった。また、音による相互行為が重要なケースもあるが、それをどう記述すべきかも、いまだ解決していない課題だ。私たちが言葉を使って研究をする以上、このすべてを解決することは原理的に不可能なのかもしれない。だが、概念とは別次元の経験に身を浸すような調査をしながら、記述に都合のよいカテゴリーばかりを扱っていては、フィールドワークの可能性は狭められてしまう。だから文化人類学者は、フィールドに通い続けているのかもしれない。少なくとも私は、そうしながらこの課題に向き合い続けている。

5．おわりに

　限られた紙幅と私の力不足のせいで、本当はもっと複雑だった話を分かりやすく、リニアに整理しすぎてしまったようだ。だが、文化人類学的なフィールドワークがその人なりの問いに出会うということ、その人が（時に潜在的に）もつ関心や志向が普段の生活から遠く離れたところで浮上してくるという経験でもあるということは、ある程度は示せたのではないかと思う。そうした経験がまさにフィールドワークの醍醐味なのであり、文化人類学的フィールドワークが狭義の「学問」に収まりきらないスケールをもちうる理由も、ここにある。

　私たちの生きる世界は、「科学的」な言説では言い尽くせない複雑さやゆらぎにあふれている。「人文知」にそうした複雑さに光を当てるという役割があるのであれば、本当に大事な問いが「学問」の枠組みの外にも転がっているというのはある意味で当たり前のことだし、「学問」と個人の関心のあいだにある齟齬が時に研究上の飛躍（個人的ブレイクスルーも含めて）をもたらすことがあるのも必然的なことだ。だから、研究は理論だけではなく、時に霊感にも導かれながら進められなければならない。——これは、学生を指導する立場で「それはやりにくいから研究テーマにするのはよした方がいいよ」と、時に言ってしまいそうになる私自身に対する自戒の言葉でもある。

参考文献

ゴッフマン、アーヴィング、1980（1964）『集まりの構造：新しい日常行動論を求めて』丸木恵祐・本名信行訳、誠信書房。

菅原和孝+野村雅一（編）、1996『コミュニケーションとしての身体』大修館書店。

スティーゲ、ブリュンユルフ、2008（2002）『文化中心音楽療法』阪上正巳監訳、音楽之友社。

スモール、クリストファー、2011（1998）『ミュージッキング：音楽は〈行為〉である』野澤豊一・西島千尋訳、水声社。

谷泰（編）、1997『コミュニケーションの自然誌』新曜社。

野澤豊一、2010「対面相互行為を通じたトランスダンスの出現：米国黒人ペンテコステ派教会の事例から」『文化人類学』第75巻4号、pp.417-439。

マロック、スティーヴン+コルウィン・トレヴァーセン（編）、2018（2009）『絆の音楽性：つながりの基盤を求めて』根ケ山光一ほか訳、音楽之友社。

ミズン、スティーヴン、2006（2005）『歌うネアンデルタール：音楽と言語から見るヒトの進化』熊谷淳子訳、早川書房。

Seeger, Anthony, 1994, "Music and Dance," in Tim Ingold (ed.). Companion Encyclopedia of Anthropology: Humanity, Culture, and Social Life. Routledge.

この分野を学ぶための基礎文献

菅原和孝、2002『感情の猿＝人』弘文堂。

高田明、2019『相互行為の人類学：「心」と「文化」が出会う場所』新曜社。

トゥリノ、トマス、2015（2008）『ミュージック・アズ・ソーシャルライフ：歌い踊ることをめぐる政治』野澤豊一・西島千尋訳、水声社。

心理療法における即時的改善

－トークセラピーの限界を超えて－

喜田裕子

1．はじめに

　心理療法には数えきれないほどの理論や学派がある。伝統的には、精神分析、来談者中心療法、認知行動療法などを中心に心理療法は発展してきた。これらは対話をとおして行われることから「トークセラピー（談話療法）」と呼ばれることもある。本稿では、トークセラピーの意義を認めつつ、その課題やそれに対応するための工夫とそのメカニズムについて、即時的改善に着目しながら検討したい。即時的改善とは、Welling(2012)によれば、「長く続いた情動的苦痛等が解放感に置き換わる」「セッションのはじめに不安，抑うつ，自己嫌悪等でいっぱいだった者が，セッション終了時には自信とやる気を報告する」などの例にみられるような、心理療法中に生じる突然の改善のことである。

2．トークセラピー、その意義と課題

　トークセラピーの起源はFreudの精神分析であるとされる。van der Kolk(2014/2016)によれば今日でもトークセラピーは健在であり、トラウマの話を詳しく語ることが、それを過去のものにするうえで役立つと精神療法家は考えており、それは認知行動療法の基本前提でもある。したがって、トークセラピーという用語は、狭義ではクライエントの語りをひたすら傾聴するタイプの心理療法に、広義では認知行動療法なども含めて旧来の対話で行う心理療法の総称として用いられている。ただし上述の学派はそれぞれ最新の心理学的知見を統合しながら、現在ではトークセラピーの枠を超えて展開している。本稿では「トークセラピー」というタームを、特定の理論・技法体系を指すものではなく、対話によるアプローチを示すために用いる。

　クライエントに話をしてもらい、それをあたたかく受けとめるだけで、心理療法が前進するかというと、それほど簡単ではない。むしろ、「話を聴くだけでいいのか」「一生懸命寄り添って受容・共感しても一向にセラピーが進展していない気がする」と悩んだことのある心理臨床家は少なくないのではないだろうか。杉原(2009)は、自由に話をしてもらうという伝統的なカウンセリングの場面設定の下では、クライエントの話の大半が主訴をめぐるネガティブなエピソードばかりになってしまうといった事例を挙げている。クライエントの状態に応じてじっくりと時間をかけるのが必要な場合もあるだろう。たとえば表出的なかかわりではなく、安定化や自我支持的なかかわりが必要なこともある。一方、心理療法のなかでは自然発生的に即時的改善が生じる現象が経験される。そのメカニズムや技法的工夫点を解明することは、クライエントに対して的確に自己回復の機会を提供していくうえで重要だと思われる。

　トークセラピーにおける困難さとして、さしあたり以下の2種類を挙げることができる。第1に、「語ること」と「体験すること」が、ともすれば乖離しやすいことから生じる困難である。van der Kolk(2014/2016)はこれを「言語の制約」と呼んでいる。Freudは、ヒステリーの心理療法という論文の中で「症状を誘発した出来事の記憶をはっきりと明るみに出し、それに伴う感情を喚起することに成功し、患者がその出来事をできうるかぎり詳しく説明して感情を言葉で表したとき、個々のヒステリー症状が即座に、そして永久に消失することを私たちは発見した」と述べている。つまり、感情喚起と語ることの両立が必要なのである。ところが、神経科学的な研究によって、人には2つのかたちの自己認識があることが明らかになっている(van der Kolk,2014/2016)。1つは言語に根差した自伝的自己認識であり、経験を関連付けながら首尾一貫した物語にまとめるものである。もうひとつは、その瞬間における自己認識であり、おもに身体的感覚に基づいた、内側前頭前皮質に基盤を置く自己認識である。2つの認識システムは、脳の別々の領域に局在しており、接続もほとんどない(van der Kolk,2014/2016)。くわえて、自己に関係した活動に関連するとされる脳内のデフォルトモードネットワークは，外界に注意を向ける際に活性化する背側注意ネットワークとは基本的に競合関係にあり，後者が活動するとき

前者は活動低下を示すことが多い(越野ら，2013)。以上のことから、他者に対して語ることは、自己内部の感情や感覚を体験することから離れることにつながりやすいという難しさがある。この観点から、イメージや体験的な技法をトークに取り入れる方法が展開している。本稿では、このような工夫の1つとして、ホログラフィートークを取りあげる。

　第2に、トップダウンの技法のみに頼ることの限界である。図1は、Macleanの提唱した脳の三層構造という古典的概念を単純化して示したものである。Ogden et al(2006/2012)によれば、脳幹は爬虫類脳とも呼ばれ、身体機関の恒常性維持や生殖本能など感覚覚醒の領域を支配している。大脳辺縁系は脳の情動的

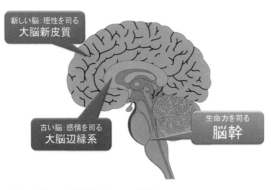

図I. 脳の三層構造 (イメージ図)

処理システムとも呼ばれ、情動、記憶、ある種の社会行動と学習に関わっている。この領域はトラウマ刺激やトラウマ記憶の想起において過活動や低活性化を示す扁桃体を含む領域である。新皮質は系統発生的に最後に進化した部分であり、自己認識、意識的な思考を可能にし、左半球と右半球をつなぐ橋の役割をする脳梁の大部分までを含む。この概念を、臨床心理学の分野では、認知、情動、感覚運動の関連や統合を考えるための比喩として現在も活用している。トークセラピーの限界とは、新皮質から辺縁系や脳幹へとトップダウンの処理を行うことの限界と捉えることができる。人が不安や苦痛でいっぱいになっている時は、感情（辺縁系）や身体（脳幹）に警戒警報が鳴り響いて鳴り止まなくなっている状態（過覚醒）もしくはシャットダウンした状態（低覚醒）に例えることができるため、認知や言葉（新皮質）が届きにくい状態であるといえる。ちなみにこのような比喩は近年、交感神経・副交感神経の活動を詳細に明らかにしたポリヴェーガル理論（Porges,S.W.,2018）により神経科学的に緻密に裏付けられている。

このような観点から、感覚や運動など身体に働きかける技法が展開している。本稿ではその1つの工夫としてTFT(Thought field therapy：思考場療法)を取り上げる。

３．即時的改善の様相

３－１．ホログラフィートーク

　「ホログラフィートーク」は、わが国の嶺によって考案された技法である(https://www.holographytalk.com/)。問題の起源を探り、解決し、新たなリソースを見出すまでを、プロトコルに沿って1回のセッションで行うことができる。愛着の修復の効果が指摘されており、その構造的特徴は、クライエントが自分自身と心の中で対話するところにある。クライエントが自分の中のさまざまな自己（傷ついた時の子どもの自己、現在の自己など）や対象イメージと安心して心の中で対話し、問題の起源である出来事に戻って、イメージを用いながらその心理的解決を図るのを、セラピストがガイドする形で進めることができる。

　表1および図2は、学生相談で、希死念慮のあるクライエントにホログラフィートークを実施した際のGHQ28(日本語版精神的健康尺度)とPOMS(気分尺度)の推移を示したものである。終結後に公表の許可を得たものであるが、事例の詳細についてはここでは控える。この事例は、計3回の面接で主訴が解決し、クライエントが苦しんでいた希死念慮も消失した。

　初回面接では、まず、クライエントは自分の苦しさを語り、セラピストはそれを共感的に聴いて受けとめたが、1時間語ったあとも、クライエントの辛そうな表情に変化はなかった。このときに測定したのが#1の数値である。POMSでは、「緊張・不安」「抑うつ・落込み」「混乱」が非常に高く(T得点70点前後)、「活気」といったポジティブ感情が低い(同40点程度)ことが認められた。つまり、1時間話を丁寧に聴いても、顕著な気分の改善はなかったことが推測できる。GHQ28では4尺度中3尺度（「身体的症状」「社会的活動障害」「うつ傾向」）で中等度以上の心理的問題が認められ、特に希死念慮を示す項目28（「自殺しようと考えたことが」）に対して、最大値である「たびたびあった」が選択された。詳しく聞くと、実際に、建物

表１. GHQの推移

尺度	得点範囲 (中等度以上)	#1 x年5月	#2 同6月	#3 同7月	終結後 同9月末
身体的症状	0点〜7点 (4点以上)	5	3	3	2
不安と不眠	0点〜7点 (4点以上)	3	3	1	2
社会的活動障害	0点〜7点 (3点以上)	6	2	0	1
うつ傾向	0点〜7点 (3点以上)	7	2	0	0
項目28 「自殺しようと考えた ことが」	0点〜1点 全くなかった〜 たびたびあった	1 たびたびあった	1 一瞬あった	0 全くなかった	0 全くなかった

GHQ28の4下位尺度の得点(GHQ法による)を示し，その下に，特に希死念慮(第28項目)の推移を示す。尺度得点の網掛け部は中等度以上の問題があることを示す。

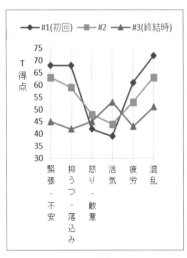

図2. POMSの推移

の屋上で「ここから飛び降りたら」という考えにしばしばふけっていることが語られ、自殺ハイリスク群であると認められた。

　以前、学生相談室の自殺企図関連事例を関係者で分析した際、傾聴と共感を重ねるだけで次の来談を誘うやり方の問題点が認識された。セラピストが気持ちを受けとめて信頼関係を形成したつもりでも、クライエントは絶望しながら面接室を後にする場合がある。このことをふまえ、少しでも早く状態が改善されればと思い、HTを提案したところ、やってみたいとのことだったので、その日のうちに1回目を実施した。面接開始時にうなだれてうつむき涙があふれていたクライエントは、HT終了後には「とてもすっきりした」と明るい表情になった。

　面接2回目のはじめに心理検査を実施したところ、GHQ28の全尺度で問題は軽度以下へと改善していた。しかしまだすっきりしないとのことで、

２回目のHTを実施した。面接３回目のはじめに心理検査を実施したところ、GHQ28の全尺度でさらに問題が改善しており、くわえて希死念慮は「全くなかった」と回答された。POMSでは、「緊張・不安」「抑うつ・落ち込み」「混乱」など高得点だったネガティブ感情が回を追って低下し、かわりに「活気」が上昇しているのが見て取れる。興味深いのは、かなり低かった「怒り・敵意」が平均値近くまで上がっていることであり、それとともにクライエントの健全な自己主張が回復した点であった。

３−２．ＴＦＴ（思考場療法）

　ＴＦＴは、アメリカのCallahanが提唱した、一見奇抜な、身体に働きかける技法である。Callahanは、人体のエネルギー的側面に着目し、思考場とよばれる情報が集まる場所を想定し、それに意識を向けることで記憶や感情が引き出されると仮定した。そして思考場に意識を向けながら東洋医学の経絡（ツボ）をタッピングすることで脳に信号を送り、エネルギーの混乱状態を解消すると仮定している（森川，2017）。タッピングの場所と順序は、ＴＦＴ診断と呼ばれるアプライドキネシオロジーを用いた技法で特定されるが、簡便のためにアルゴリズムと呼ばれる万人向けのレシピも準備されている。さらに研修を進めると、ボイステクノロジーといって、クライエントの声を聴くだけで最適なタッピングの場所と順序を言い当てることができるとのことだが、その研修はかなり高額であり、かつ、習ったことを口外しない旨のサインを求められると聞いている。心理臨床実践には公共性や説明責任が伴うと考えるので、筆者はその領域には踏み込んでいない。

　ＴＦＴの実践の中から、即時的改善について、興味深い事例を1つ紹介したい。中学校の不登校生徒の事例であり、詳細の記述は控えるが、愛着の課題を抱えているところに、小学校時代の担任からの叱責が外傷的な体験となり、不登校状態が続いていた。クライエントは、教室復帰に挑戦し始めた頃、突然、心気症傾向(自分はガンなのではないかという不安)が高まり不安定になった。セラピストはこれを、クライエントの中の潜在的な「認められたい」「愛されたい」というニーズが、教室復帰体験によって刺激され高まったがゆえに、欲求挫折体験となり、心気症傾向に転化されたもの

であると理解した。クライエントはガンではないかという不安に打ちのめされて顔色も悪く落ち着かず、面接を強く要望したが、ちょうどその日は予約がいっぱいで、面接時間を用意することができなかった。そこで、面接の合間を縫って、保健室でTFTの不安のアルゴリズム(5分でできる)を実施したところ、深呼吸できるようになり、落ち着きを取り戻した。TFT実施前のSUD(主観的苦痛度：全く苦しくない1〜最大に苦しい10までの数値を自己評定してもらうもの)は10段階の8、TFT終了時は2まで減少した。

　短時間の介入だったので、セラピストとしては一時しのぎであるという認識で、次回の面談を約束したが、1週間後の面談では心気症はきれいに取れており、自分を受け入れてくれないクラスメートへの恨みなど、本来の心理的課題をめぐる内容にシフトした。この事例にはその後、笑い話のような展開がある。卒業を間近に控えた頃、卒業後もできるようにと、TFTを2年ぶりに教えようとしたところ、クライエントから、「そういう宗教っぽいのはちょっと」とやんわり断られたのである。苦しかった時期には、すがるように熱心にタッピングしていたくせに、と内心微笑ましかった。

3−3．明暗を分けたパワーセラピーとその後の展開

　TFTはEMDR(Eye Movement Desensitization and Reprocessing：眼球運動による脱感作と再処理法) などとともに、かつてはパワーセラピーという名称で括られていたこともある。EMDRでは、心理的外傷場面を同定し、眼球運動などを加えながら苦痛な記憶を処理し、新たな建設的認知の獲得を援助する。用いられる刺激（眼球運動や左右交互の音刺激およびタッピングなど）は両側性刺激と呼ばれ、右脳と左脳の統合を促進することが仮定されている。パワーセラピーという用語は、1994年にアメリカのFigley教授が立ち上げた外傷的ストレスフォーラムというメーリングリストからきており、その主張するところは、従来の技法では難治とされてきた心理的障害に対する強力な治療的効果である。しかし当時はそれに対する懐疑的な意見も多く、科学的に妥当な理論を持たない偽科学であるとの指摘もあった（Devilly,G.J.,2005）。

　その後、EMDRは科学的に統制された効果研究を重ね、特にPTSD（心的外傷後ストレス障害）に対するエビデンスが認められるなど、一定の評

価を確立したといえる。一方、TFTは、効果研究の質的妥当性や量的蓄積が十分とはいえないなかで、元内部者からの偽科学であるという告発がでてくるなど、批判にさらされてきた。しかし、最近では無作為統制試験という科学的に確立された方法を用いて広場恐怖のクライエントを対象にTFTを実施した場合、何もしないよりも有意に改善が認められること、その改善はすでに効果が確認されている認知行動療法と比較しても遜色ないものであることが発表されている (Irgens,A.C.,et al,2017)。

　一方、EMDRに関して興味深い研究が最近発表された。PTSDの患者を、①通常のEMDRのように外傷的場面を思い浮かべながら(エクスポージャー＝暴露)、セラピストが動かす手を目で追う眼球運動(EM)群、②エクスポージャーしながらセラピストの静止した手を見つめる眼球固定(EF)群、そして③視覚的な注意の焦点なしでエクスポージャーを行う統制群の3群に分け、その効果を比較した研究である (Sack,M. et al,2016)。それによれば、EM群とEF群は統制群に比べて有意に症状が軽減し効果量も大きいことが認められた。その一方で驚くべきことに、EM群とEF群の間に有意な症状軽減や効果量の差は認められなかった。つまり、眼球運動などの両側性刺激こそが脳の情報処理を変化させる中核技法であると考えられてきたのに対し、そうではなく、エクスポージャーしながら感覚運動（身体的）刺激への二重注意を引き出すことが、効果の本質であると示唆されたのである。とすればTFTも、後述するように、エネルギーや脳への信号といった説明を持ち出すまでもなく、シンプルな心理学的説明が可能なのではないだろうか。

４．変容的情動シーケンス（TES）と記憶の再固定化

　近年では、Welling(2012)が、心理療法における急速な変化について、方法も説明原理も異なる4つのセラピーを取り上げて、共通点を指摘し，それがうまく適用されれば，即時のそして長く続く変化をもたらすと指摘した。そして、このようなセラピー中の変化をTES(tranceformative emotional sequence)と名付けその要素を５つ挙げている。すなわち、①体験的スタンスの促進、②隠された情動(問題に固有な情動)へのアクセス、③非指示

的に生じる自然発生的変化、④問題のある状態から適応的状態への情動の
シフト、そして⑤即時的改善である。さらにTESのメカニズムは記憶の再
固定化で説明されることが示唆されている。岡野(2015)を参考に、記憶の
再固定化についてまとめるなら、以下のようになる。私たちの脳は、感情
的な高まりを伴うような体験については、それだけ強く覚えこむという性
質がある。トラウマ記憶が生じる場合には、その興奮が強すぎ、記憶が過
剰に固定されてしまうという現象が起きている。一方、いったん固定され
た記憶が、書き直されてまた再び固定されるという現象があり、これを再
固定化という。再固定化が起きるためには、単に記憶を呼び起こすだけで
は不十分で、一度記憶が想起されて不安定になった状態で、それとはミス
マッチな要素が加わることが必要条件となる。ミスマッチとは、期待を裏
切るような明確な矛盾のことである。しかも記憶が呼び覚まされてから一
定の時間内にそれを行わなくてはならないという。

　先述のEMDRとTFTの共通点は、まず苦痛な出来事(ターゲット)を同定
し、想起することである。これは、従来から心理療法の機序のひとつであ
るといわれている「エクスポージャー」に該当する。もう1つの共通点は、
ターゲットを想起しながら、同時に、身体的な刺激を与える点である。こ
れは、エクスポーズしながらの二重刺激に該当する。これによって、クラ
イエントは苦痛な出来事を想起しながら、「今ここ」に根ざす安心安全を
感じることができると思われる。もしかしたらこれが、外傷記憶とはミス
マッチな刺激に該当し、記憶の再固定化につながるのではないだろうか。
とすれば、身体刺激がどのようなものであっても、これこそが、EMDRの
基本理念（適応的情報処理モデル）が教えるように、クライエントの脳が
健康を回復する方向へと自動的に処理を開始するための１つの条件になる
のかもしれない。

5．終わりに

　心理療法では、セラピストがクライエントに「一緒にゆっくり考えてい
きましょう」と言葉をかけることがある。その言葉を使うべき時と使うべ
きではない時を見定め、不要な苦しみの時間を長引かせないために、心理

臨床家は技法の幅を拡げ、改善のメカニズムとその具体的実践への理解を深め続けていく。本稿では、トークセラピーの意義を認めつつ、その課題とそれを超える技法的工夫、そしてメカニズムについて、心理療法における即時的改善に注目しながら検討を試みた。

文献

Devilly,G.J.,(2005). Power therapies and possible threats to the science of psychology and psychiatry. Australian and New Zealand journal of psychiatry,39,437-445.

Irgens,A.C.,Hoffart,A.,Nysaeter,T.E.Haaland,V.O.Borge,Borge,P.,Pripp,A.H.Martinsen,E.W.,& Dammen,T.(2017). Thought field therapy compared to cognitive behavioral therapy and wait-list for agoraphobia: a randomized, controlled study with a 12-month follow-up. *Frontiers in psychology*,8,1-14.

越野英哉・苧阪満里子・苧阪直行 (2013). デフォルトモードネットワークの機能的異質性. 生理心理学と精神生理学, 31, 27-40.

森川綾女. (2017). つぼトントン. 日本文芸社.

岡野憲一郎(2015). 解離新時代. 岩崎学術出版社.

Ogden,P.,Minton,K.,& Pain,C.(2006). Trauma and the body.　太田茂行(監訳)(2012). トラウマと身体－センサリーモーター・サイコセラピー(PS)の理論と実践. 星和書店.

Porges,S.W.(2018). The pocket guide to the Polyvagal theory: The transformative power of feeling safe.　花丘ちぐさ(訳)(2018). ポリヴェーガル理論入門－心身に変革をおこす「安全」と「絆」. 春秋社.

Sack,M. et al,(2016) A Comparison of Dual Attention, Eye Movements, and Exposure Only during Eye Movement Desensitization and Reprocessing for Posttraumatic Stress Disorder: Results from a Randomized Clinical Trial. *Psychotherapy and psychosomatics*,85,357-365.

杉原保史(2009). 統合的アプローチによる心理援助－よき実践家を目指して－. 金剛出版.

Van der Kolk,B. (2014).The body keeps the score: Brain, mind, and body in the healing of trauma. London: Penguin Books.　柴田裕之 (訳)　(2016). 身体はトラウマを記録する－脳・心・体のつながりと回復のための手法. 紀伊國屋書店.

Welling,H. (2012). Transformative emotional sequence: Towards a common principle of change.　*Journal of Psychotherapy Integration*,22,109-136.

この分野を学ぶための基礎文献

Van der Kolk,B. (2014).The body keeps the score: Brain, mind, and body in the healing of trauma. London: Penguin Books. 柴田裕之 (訳) (2016). 身体はトラウマを記録する－脳・心・体のつながりと回復のための手法. 紀伊國屋書店.

富山大学人文学部富山循環型「人文知」研究プロジェクト公開研究交流会

第13回「人文知」コレギウム

2019年7月31日（水）13:30-15:30
富山大学人文学部3階第6講義室

マルチモーダル・ミュージッキング
——米国黒人教会における音楽する身体
野澤豊一（文化人類学・准教授）13:30〜14:30

米国黒人教会の音楽文化は20世紀大衆音楽の源流の一つとして知られているが、実際にフィールドワークをしてみると、礼拝儀礼のなかで「音楽」が上演される場面は比較的少ないことがわかる。その一方で、礼拝儀礼に生気をもたらすために音楽は欠かせない。こうした状況を理解するために、本発表では「ミュージッキング」という概念を使ったアプローチを紹介する。

「人間の安全保障」から見たヒトの移動
——中米の場合
竹村　卓（国際関係論・教授）14:30〜15:30

2018年10月「キャラバン」と呼ばれる人々が、中米Central Americaから主に徒歩で米国を目指し、瞬く間に数万人の規模となって米国とメキシコの国境に迫った。同年4月から中米のコスタリカには、隣国のニカラグアから数万人以上の人々が国内の混乱を逃れて押し寄せている。この中米をめぐる「ヒトの移動」を、「人間の安全保障」の観点から、考えてみる。

お問い合わせ　富山大学人社系総務課（人文担当）Tel 076-445-6131　Fax 076-445-6141

富山大学人文学部富山循環型「人文知」研究プロジェクト公開研究交流会

Stora nordiska
kriget 1700-1721

SWEDEN

HISTORY

入江幸二（西洋史・准教授）
スウェーデン兵の従軍記録にみる
大北方戦争（1700〜21年）[13:30-]

軍事大国スウェーデンの弱体化とロシアの台頭をもたらした大北方戦争は、今も歴史研究の重要なテーマであり続けている。また近年は軍事史的な観点にとどまらず、当時の日記や書簡をもちいながら社会史的な分析も行われるようになっている。本報告ではスウェーデン軍の兵士・聖職者の日記を素材に、戦争中の彼らの意識やとくに捕虜としての生活がどのようなものであったか検討してみたい。

2019年9月25日(水)13:30-15:30
富山大学人文学部 1階 大会議室

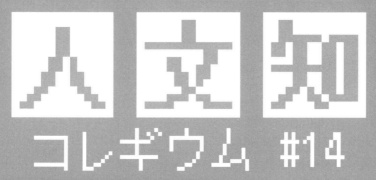

人文知
コレギウム #14

佐藤裕（社会学・教授）
人工知能の社会学 [14:30-]

近年、人工知能の技術は急速に発展しており、それが社会にどのような影響を与えるのかについても関心が集まっている。そこで本報告では、特に影響が大きいと思われる車の自動運転を取り上げ、それが本当に可能なのか、いかなる問題をもたらすのか、そしてそれらのことから逆に、人間が人工知能に負けない部分は何かを考えていきたい。

ARTIFICIAL
INTELLIGENCE

SOCIOLOGY

autonomous
cars_

一般の方の聴講歓迎・事前申し込み不要・無料

お問い合わせ 富山大学人社系総務課（人文担当）Tel 076-445-6131 Fax 076-445-6141

人文知

第15回 「人文知」 コレギウム

澤田 稔（東洋史・教授）
聖者と政治
―中央アジア東部の近世史―
中央アジアは16世紀から新たな民族形成の時代に入る。ウイグル、ウズベク、カザフなど現在につながる民族の基盤が築かれていく。本報告では、東トルキスタン（中国・新疆）におけるウイグル人の形成に関連して、ナクシュバンディー教団系統のイスラーム宗教貴族、カシュガル・ホージャ家が地域統合にはたした役割について考察する。

カシュガル・ホージャ家墓廟

アイルランド国立図書館

結城 史郎（イギリス文学・准教授）
ウィリアム・シェイクスピアへのジェイムズ・ジョイスの敵対―『ハムレット』の改作を中心に―
ウィリアム・シェイクスピアはイギリス文学の聖像であり、世界的にその名前が知られている。そのシェイクスピアにライバル意識を抱いたのが、イギリス支配下のアイルランドの作家のジェイムズ・ジョイスである。本報告では、ジョイスの『ユリシーズ』におけるアイルランド国立図書館での『ハムレット』論を取りあげ、このテクストへの被支配者の受容を検討し、現代における『ハムレット』改作へと視点を広げたい。

2019年10月23日(水)13:30-15:30
富山大学人文学部・1階・大会議室

一般の方の聴講歓迎・事前申し込み不要・無料

お問い合わせ 富山大学人社系総務課（人文担当）Tel 076-445-6131 Fax 076-445-6141

KIELI Tungumál IDIOMA LANGUE SPRACHE Мова
SPRÅK LINGVO ЯЗЫК
SPROG Taal TIL 语言
LÍNGUA JAZYK LÜGHA 言語
NYELV DIL
لغة ΓΛΩΣΣΑ LINGUA VALODA LANGUAGE

人文知

第16回「人文知」コレギウム

呉人 惠（言語学・教授）
藤川勝也（英語学・准教授）
名詞句階層から見る英語とコリャーク語
──異質性の陰に潜む普遍性──

　どんな言語にも、「私」「子供」「犬」「海」「悲しさ」などといった「名詞」と言われるたくさんの語がある。人はこれらの名詞をただ雑然とではなく、「階層化」して認識し、文法に反映させていると言われる。本発表では、英語とコリャーク語という系統的にも類型的にもおよそ異質な二言語の所有表現に着目し、名詞の階層化を支える共通の原理に探りを入れる。

ツンドラを行くコリャーク

テキサス州会議事堂

樋野 幸男（言語学・教授）
基底核を発動する連体修飾の構造

　日本語の連体修飾は、連体修飾節が被修飾名詞の総体を修飾すると考えられてきた。一方、被修飾名詞の意味的基底の核である〈基底核〉を仮設することで、構造の説明が容易になる部類が存する。「(太郎が学校を休んだ)理由」という語は、ある事象に対する理由であり、その事象が基底となって成立する。本発表では、基底核に対する連体修飾について述べる。

2019年11月20日(水)13:30-15:30
富山大学人文学部・１階・大会議室

一般の方の聴講歓迎・事前申し込み不要・無料

お問い合わせ　富山大学人社系総務課（人文担当）Tel 076-445-6131 Fax 076-445-6141

Mind and Time

第17回 「人文知」コレギウム

Psychology and Philosophy

喜田 裕子 （心理学・教授）
心理療法における即時的改善
──トークセラピーの限界を超えて──

　心理療法のなかでも、伝統的な、対話をとおして行われるものは、「トークセラピー」と呼ばれることがある。本発表では、トークセラピーの意義を認めつつ、その課題やそれに対応するための工夫とメカニズムについて、「即時的改善」に着目しながら検討したい。

永井 龍男 （哲学・教授）
時間の実在性と心の活動について
──アリストテレス時間論からの考察──

　哲学における最初の本格的な時間論は、古代ギリシアのアリストテレス(Aristoteles)によるものであり、それは彼の『自然学』の中で展開されている。「時間の定義」「時間の実在性」「時の流れ」「心の活動と時間の存在」といった問題について、アリストテレスがどのような立場をとり、なぜそのように考えたのかを考察する。

2020年1月29日(水)14:30-16:30
富山大学人文学部・3階・第6講義室

一般の方の聴講歓迎・事前申し込み不要・無料

お問い合わせ　富山大学人社系総務課（人文担当）Tel 076-445-6131 Fax 076-445-6141

一般の方の聴講歓迎・事前申し込み不要・無料

人文知コレギウム N°18

渋沢・クローデル賞 受賞記念講演会

梅澤礼　准教授
（フランス言語文化）

囚人と狂気
―19 世紀フランスの監獄・文学・社会

社会は少数の人々とどのように向き合うべきなのか。
文学は社会の中で何ができるのか。
科学と文学はどのように協力してゆくべきなのか。
19 世紀のフランスで起こった、独房における
囚人の健康被害に関する議論をもとに、
近代社会と学問のあり方について考えてゆきたい。

学長賞授賞式

渋沢・クローデル賞授賞式

2020 年 2 月 7 日（金）15:00～16:00
富山大学人文学部・3 階・第 6 講義室

お問い合わせ　富山大学人社系総務課（人文担当）Tel 076-445-6131 Fax 076-445-6141

執筆者紹介

樋野幸男　（人文学部言語文化領域言語学コース言語学分野）

藤川勝也　（人文学部言語文化領域英米言語文化コースアメリカ言語文化分野）

呉人　惠　（人文学部言語文化領域言語学コース言語学分野）

結城史郎　（人文学部言語文化領域英米言語文化コースイギリス言語文化分野）

永井龍男　（人文学部思想・歴史文化領域哲学・人間学コース哲学分野）

澤田　稔　（人文学部思想・歴史文化領域歴史文化コース東洋史分野）

入江幸二　（人文学部思想・歴史文化領域歴史文化コース西洋史分野）

佐藤　裕　（人文学部行動・社会文化領域社会文化コース社会学分野）

野澤豊一　（人文学部行動・社会文化領域社会文化コース文化人類学分野）

喜田裕子　（人文学部行動・社会文化領域心理学コース心理学分野）

富山大学人文学部叢書Ⅲ
人文知のカレイドスコープ

2020年3月31日 初版発行　　　　　　　　定価1,500円＋税

編　者　富山大学人文学部
発行者　勝　山　敏　一
発行所　桂　書　房
　　　〒930-0103　富山市北代3683-11
　　　電話 076-434-4600 / FAX 076-434-4617

印刷／モリモト印刷株式会社

© 2020 University of Toyama Faculty of Humanities　　　ISBN 978-4-86627-083-8

地方小出版流通センター扱い